Moonyx Nova

CÓMO TENER ÉXITO EN INSTAGRAM

- GUÍA ASTROLÓGICA Y MARKETING -

**CÓMO TENER ÉXITO EN INSTAGRAM
- GUÍA ASTROLÓGICA Y MARKETING-**

TODOS LOS DERECHOS RESERVADOS

© MOONYX NOVA

Primera edición impresa: Octubre 2024

Escrito y editado en Menorca

Kindle Direct Publishing

ÍNDICE

Prólogo: Cómo Conquistar Instagram

Capítulo 1: Mercurio en la Era de Instagram

Capítulo 2: Estrategias para Brillar en Instagram

Capítulo 3: Mercurio en Aries. Publica con Pasión y Liderazgo

Capítulo 4: Mercurio en Tauro. Publica con Estabilidad y Estilo

Capítulo 5: Mercurio en Géminis. La Magia de la Comunicación

Capítulo 6: Mercurio en Cáncer. Conectando con la Emoción y la Intuición

Capítulo 7: Mercurio en Leo. Brilla como el Sol y Cautiva a tu Audiencia

Capítulo 8: Mercurio en Virgo. Detalles para Dominar Instagram

Capítulo 9: Mercurio en Libra. La Elegancia en Instagram

Capítulo 10: Mercurio en Escorpio. La Transformación en Instagram

Capítulo 11: Mercurio en Sagitario. Expande tu influencia.

Capítulo 12: Mercurio en Capricornio. Estrategia y Constancia en Instagram

Capítulo 13: Mercurio en Acuario. Innovación, Originalidad y Disrupción

Capítulo 14: Mercurio en Piscis. Creatividad, Intuición y Conexión Emocional

Epílogo: El Viaje Continua

Prólogo

Cómo Conquistar Instagram

Imagina que tienes un superpoder. No el típico de volar o volverte invisible, sino uno más práctico para el mundo actual: **el poder de comunicarte de manera magnética y efectiva**, logrando que tus mensajes lleguen a las personas adecuadas en el momento perfecto. Ese superpoder existe y está regido por uno de los planetas más fascinantes de la astrología: Mercurio.

Si ya has leído *"El Poder de Mercurio: Guía Astrológica para Alcanzar el Éxito"*, sabrás que Mercurio no es solo el planeta de la mente, sino también el maestro de la comunicación, las ideas rápidas y la conexión. En este nuevo libro, vamos a dar un paso más allá, especializándonos en cómo aplicar todo ese conocimiento astrológico a un lugar clave en el mundo moderno: Instagram.

Este libro es la continuación que te llevará a usar la energía de Mercurio de manera estratégica para **triunfar en una de las plataformas más influyentes del momento**. Ya no se trata solo de conseguir seguidores o más likes, sino de cómo alinear tu presencia digital con los ciclos cósmicos para crear contenido auténtico, resonante y verdaderamente impactante.

El Poder de Mercurio en el Mundo Digital

Mercurio es el planeta que gobierna la comunicación, la tecnología y el intercambio de ideas. Y si hay una plataforma que encarna esas cualidades en la actualidad, es Instagram. Cada imagen que publicas, cada palabra que escribes, cada historia que compartes está destinada a transmitir un mensaje. Pero la clave está en cómo lo haces.

En este libro, vamos a ver cómo **los tránsitos de Mercurio** por los signos zodiacales pueden influir en tu capacidad para comunicarte de manera efectiva en Instagram. Aprenderás qué tipo de contenido es más efectivo en cada fase, cómo captar la atención de tu audiencia y, lo más importante, cómo usar la energía de Mercurio para **transformar tu cuenta en un éxito**.

Este es el siguiente paso lógico después de *"El Poder de Mercurio: Guía Astrológica para Alcanzar el Éxito"*. Aquí nos centraremos específicamente en cómo aplicar el conocimiento astrológico para que tu cuenta de Instagram no solo crezca, sino que se convierta en una extensión de tu **autenticidad y visión personal**, alineada con las energías cósmicas.

Este Libro Es para Ti si...

- Leíste el primer libro y **quieres profundizar** en cómo aplicar la astrología a tu vida digital, específicamente en redes sociales.

- Eres emprendedor o creador de contenido, y quieres aprender a usar la astrología para maximizar tu impacto en Instagram.

- Te apasiona comunicarte de manera auténtica, y estás buscando una forma de alinearte con los ciclos cósmicos para **potenciar tu crecimiento**.

- Quieres entender cómo la energía de Mercurio puede ayudarte a monetizar tu cuenta, atraer a la audiencia correcta y **crear una comunidad fiel**.

Aquí no vamos a hablar solo de publicaciones y likes. Vamos a profundizar en **cómo la astrología puede guiarte** en cada decisión que tomes en tu estrategia de Instagram, desde el contenido que publicas hasta el momento ideal para lanzar un producto o servicio.

Lo que Encontrarás en Estas Páginas

Este libro es una mezcla de estrategia digital y astrología práctica. No te preocupes si no eres un experto en los planetas o en marketing, porque te voy a guiar paso a paso. Juntos vamos a explorar:

- **Cómo aprovechar cada tránsito de Mercurio** para crear contenido alineado con las energías planetarias.

- **Estrategias prácticas** para aumentar seguidores y engagement usando el conocimiento astrológico.

- **Técnicas para monetizar tu cuenta de Instagram**, entendiendo cuándo es el momento más favorable para lanzar productos o servicios.

- **Ejemplos y ejercicios** que te ayudarán a aplicar lo aprendido de inmediato.

Este no es solo un libro de consejos sobre Instagram; es una guía para utilizar el poder de Mercurio para **crear una estrategia de comunicación que resuene** con el momento astrológico y con tu propia esencia.

Si el primer libro te enseñó cómo aprovechar el poder de Mercurio para tu crecimiento personal y profesional, esta continuación es el siguiente paso hacia dominar el mundo digital. Vamos a explorar juntos cómo cada tránsito de Mercurio afecta tu capacidad para conectar y comunicarte en Instagram, y cómo puedes **usar esa energía para destacar** en un entorno cada vez más competitivo.

Este es un viaje astrológico y digital que no solo te ayudará a crecer en redes sociales, sino que te permitirá hacerlo de manera **auténtica, alineada y estratégica**. Porque el éxito en Instagram no es solo cuestión de suerte o de seguir las últimas tendencias; es cuestión de entender las energías que te rodean y de saber cuándo aprovecharlas al máximo.

Así que si estás listo para llevar tu cuenta de Instagram al siguiente nivel y aprender a comunicarte de manera cósmica y efectiva, este libro es para ti. El poder de Mercurio está aquí para guiarte, y juntos vamos a descubrir cómo usarlo para **comunicar, inspirar y transformar tu presencia digital**.

Capítulo 1

Mercurio en la Era de Instagram

El Planeta del Networking Digital

Bienvenido al maravilloso y vertiginoso mundo de Instagram, donde millones de personas se comunican, crean y venden cada día. Si has llegado hasta aquí, es porque algo dentro de ti, quizá esa curiosidad mercurial que nunca se apaga, te ha impulsado a descubrir cómo puedes transformar tu presencia en esta plataforma en una fuente de éxito y, por qué no, de dinero. Y no, no estamos hablando solo de unos cuantos "*me gusta*". Estamos hablando de **crecer, conectar y monetizar**. Pero tranquilo, todo a su debido tiempo.

Instagram: El Escenario Perfecto para Mercurio

Antes de que te sumerjas en técnicas y estrategias, déjame contarte un secreto: **Instagram es el reino digital de Mercurio.** Sí, así es. Si hay un planeta que domina la comunicación, la interacción rápida, los mensajes ingeniosos y las conexiones instantáneas, es Mercurio. En la astrología, Mercurio rige la mente, el lenguaje, el intercambio de ideas, y —¡sorpresa!— el comercio. Vamos, ¡si Mercurio tuviera una cuenta de Instagram, seguramente sería el influencer número uno!

Hoy en día, Instagram no es solo una red social. Es una ventana al mundo y, para muchos, una plataforma para el negocio. Desde influencers que promocionan productos hasta pequeños emprendedores que venden desde velas artesanales hasta sesiones de coaching espiritual. Y ¿lo mejor? **Todos esos perfiles pueden conectarse con la energía de Mercurio para potenciar su comunicación y éxito.**

Tipos de Perfiles en Instagram: ¿Con cuál te identificas?

Mercurio no trata a todos por igual, ¡ni Instagram tampoco! Dependiendo de tu enfoque, estilo y objetivos, podrías estar en uno de estos grandes grupos:

1. El Influencer Mercurial

¿Eres de los que pueden vender cualquier cosa con un solo post? Mercurio te sonríe. Los influencers son maestros de la comunicación digital, saben cuándo hablar, cómo hacerlo, y a quién dirigirse. Se mueven en los rincones más creativos de Instagram, y ya sea que promocionen un estilo de vida saludable o ropa de última moda, entienden cómo usar el lenguaje para atraer. Si aprendes a alinearte con Mercurio, tu persuasión será imparable.

2. El Emprendedor Astrológico

Mercurio ama los negocios, y si estás aquí para vender productos o servicios, bienvenido al club. Ya sea que tengas una tienda online, ofrezcas sesiones de coaching o vendas productos físicos, Instagram es tu escaparate. ¿Lo mejor de todo? Con la estrategia correcta, no solo conectas con tu audiencia, sino que generas ventas de una forma casi mágica. Recuerda, Mercurio también es el dios del comercio, y puede ayudarte a hacer ese "*click*" que se convierte en transacciones.

3. El Creador de Contenido Artístico

Mercurio también adora la creatividad. Si tu perfil es más visual o artístico, donde lo que prima es el impacto visual, las historias que cuentas o las imágenes que compartes, tienes una puerta abierta para triunfar en Instagram. Piensa en fotógrafos, diseñadores gráficos, pintores... ¡todos ellos tienen un espacio aquí! Y lo increíble es que, con la ayuda de Mercurio, puedes comunicar tu arte de una manera que toque el corazón de tu audiencia.

4. El Educador y Comunicador

Finalmente, si tu perfil es más informativo o educativo — como el de alguien que comparte conocimientos, ya sea de astrología, finanzas, fitness o cualquier otro tema — también puedes beneficiarte enormemente de la energía de Mercurio. Este planeta te ayudará a traducir conceptos complejos en contenido accesible y valioso para tu audiencia.

El Negocio en Instagram: Dinero y Más Dinero

Ahora, vamos a lo jugoso. **¿Se puede ganar dinero con Ins-**

tagram? ¡Por supuesto! Si te alineas con la energía de Mercurio, dominarás las estrategias de comunicación necesarias para convertir tus seguidores en clientes. Ya sea que vendas productos físicos, servicios personalizados o incluso información valiosa a través de cursos online, hay miles de maneras de monetizar. No se trata de acumular seguidores sin más; se trata de generar conexión, confianza y, por último, ventas. Instagram te ofrece la oportunidad de alcanzar a millones de personas, y Mercurio te da las herramientas para hacerlo de forma efectiva y ágil.

¿Quieres un ejemplo? Vamos a hablar de las famosas "*colaboraciones pagadas*". Influencers y emprendedores se asocian con marcas para promocionar productos a cambio de dinero o productos gratuitos. O tal vez eres tú quien vende productos: velas hechas a mano, cosméticos naturales, sesiones de tarot, coaching astrológico... ¡Lo que sea! Con la estrategia correcta, tu cuenta puede convertirse en un **negocio rentable**.

Lo que Aprenderás en este Viaje Astrológico

Tranquilo, no voy a abrumarte con todo esto de golpe. En los próximos capítulos, desgranaré cómo puedes utilizar las energías de Mercurio para cada aspecto de tu cuenta de Instagram. Vamos a hablar de cuándo es el mejor momento para publicar (¡influido por Mercurio, claro!), cómo redactar captions irresistibles, y cómo conectar de manera auténtica con tu audiencia. Todo bajo la guía del **Mensajero de los Dioses**.

Mercurio, como ya sabes, es rápido, flexible y lleno de ideas. No tienes que ser un gran orador o un vendedor nato para triunfar en Instagram; solo necesitas aprender a canalizar esa energía mercurial y aplicarla a tu estrategia digital. Y eso es exactamente lo que te enseñaremos en este libro.

Así que prepárate, porque Mercurio está listo para llevar tu cuenta de Instagram a un nivel completamente nuevo. **¿Listo para emprender este viaje? El camino hacia el éxito digital ha comenzado.**

Capítulo 2

Estrategias para Brillar en Instagram

Mercurio es el dios alado de la comunicación y la astucia, el que enreda y desenreda nuestras palabras con la habilidad de un hábil prestidigitador. En la astrología, Mercurio gobierna no solo nuestras capacidades mentales y verbales, sino también la manera en que nos conectamos y nos presentamos ante el mundo. En este libro, exploraremos cómo puedes utilizar la influencia de Mercurio para destacar en Instagram, fidelizar a tus seguidores y monetizar tu contenido. Prepárate para transformar tu estilo de comunicación y atraer más seguidores con una mezcla de astucia astrológica, estrategias y ejemplos prácticos.

Canalizando la Energía Mercurial: Planificación y Estrategia

Primero, identifiquemos el mejor momento para aprovechar la energía de Mercurio. Mercurio tiene ciclos de retrogradación y directas, y cada uno afecta nuestra comunicación de manera distinta. Durante su **fase directa**, Mercurio es tu aliado perfecto para *lanzar nuevas campañas, actualizar tu perfil y crear contenido* que resuene con tu audiencia. En cambio, durante la **retrogradación**, es ideal para *revisar y perfeccionar tus estrategias*.

Caso Práctico: Imagina que deseas lanzar una nueva serie de videos en Instagram. Aprovecha un período cuando Mercurio esté directo. Planifica tus temas, estructura cada video con claridad, y utiliza las herramientas de edición para pulir cada detalle. Durante la retrogradación, revisa y ajusta los elementos que no estén funcionando como esperabas.

Comunicando con Claridad y Creatividad

Mercurio no solo se trata de hablar bien, sino de hacerlo de una manera que atraiga y mantenga la atención. Utiliza la energía mercurial para ser claro y creativo en tu comunicación. Juega con el lenguaje, usa frases pegajosas y haz que cada palabra cuente. No subestimes el poder de un buen título o una introducción cautivadora.

Caso Práctico: Supongamos que quieres hacer una serie de publicaciones sobre consejos rápidos. Emplea la capacidad de Mercurio para simplificar conceptos complejos. En lugar de decir "*Consejos para mejorar tu productividad*", opta por algo más intrigante como "*5 trucos mercuriales para hacer más en menos tiempo*". Esta clase de comunicación no solo es atractiva, sino que también muestra tu habilidad para conectar conceptos de manera innovadora.

Dominando el Arte de Hablar en Cámara

Hablar frente a la cámara puede ser un desafío, pero con la influencia de Mercurio, puedes convertirlo en tu punto fuerte. La clave está en practicar la improvisación, usar un lenguaje corporal abierto y estar preparado para responder a preguntas en tiempo real. Mercurio te ayuda a mantener la agilidad mental necesaria para manejar imprevistos y adaptarte sobre la marcha.

Caso Práctico: Organiza una sesión de práctica frente a la cámara. Prepárate con un esquema general de lo que deseas decir, pero deja espacio para la improvisación. Grábate y revísalo, prestando atención a tu fluidez verbal y lenguaje corporal. Utiliza Mercurio para ajustar y mejorar tu rendimiento en cada grabación, aprendiendo de cada experiencia.

Conectando con tu Audiencia: La Magia de la Interacción

Mercurio es el maestro de las conexiones, por lo que es fundamental usar su energía para interactuar genuinamente con tu audiencia. Responde a comentarios, haz encuestas, y utiliza las historias para involucrar a tus seguidores. La clave está en mantener una comunicación bidireccional que haga sentir a tus seguidores que son parte de una conversación continua.

Caso Práctico: Publica una pregunta en tu historia de Instagram y responde en un video en vivo. Utiliza la habilidad mercurial para hacer que la conversación fluya, mantén la energía positiva y demuestra interés genuino en las respuestas de tus seguidores. Esta interacción no solo fortalece tu conexión con ellos, sino que también los anima a participar más activamente.

Mercurio Retrógrado para Reflexionar y Mejorar

Finalmente, utiliza las fases de retrogradación de Mercurio como oportunidades para reflexionar y ajustar tus estrategias. Es el momento ideal para revisar qué ha funcionado y qué no, para pulir tu presencia en línea y afinar tu técnica frente a la cámara.

Caso Práctico: Durante una retrogradación de Mercurio, realiza un análisis exhaustivo de tu perfil de Instagram y el contenido que has publicado. Identifica las áreas que necesitan mejorar, actualiza tus estrategias de contenido y haz ajustes basados en los comentarios y las métricas de rendimiento. Esta revisión te permitirá comenzar el siguiente ciclo con una estrategia renovada y más efectiva.

Brillando en Instagram con Mercurio en Tránsito: Una Guía Astrológica para Capturar Likes y Corazones

Instagram es un universo en sí mismo, donde cada post es una oportunidad de brillar, conectar y, claro, recolectar esos ansiados likes. Pero, ¿sabías que el tránsito de Mercurio, el planeta de la comunicación, puede influir en cómo te expresas en esta plataforma? Así es: cuando Mercurio transita por cada uno de los signos zodiacales, tu estilo de comunicar, interactuar y presentarte puede transformarse de manera notable. En los siguientes capítulos, exploraremos *cómo aprovechar al máximo tu presencia en Instagram durante el tránsito de Mercurio por cada signo*. Prepárate para llevar tu perfil al siguiente nivel, ¡usando las estrellas como tu guía!

Capítulo 3

Mercurio en Aries

Publica con Pasión y Liderazgo

¡Bienvenidos al primer gran capítulo práctico del libro! Si crees que ya estabas sacándole partido a tu cuenta de Instagram, agárrate bien porque ahora empezamos a **jugar con fuego** —literalmente— porque vamos a hablar de **Mercurio en Aries**. Y, ¿qué mejor forma de empezar este viaje astrológico en Instagram que con la energía poderosa y directa de Aries?

Si Mercurio es el planeta de la comunicación, Aries es el signo del impulso, la acción, y el "*aquí y ahora*". Cuando Mercurio transita por Aries, te invita a **actuar sin miedo, ser valiente y directo**, lo que significa que tu contenido de Instagram tiene que reflejar esa energía en cada post, historia y reel que publiques. ¡Vamos a entrar en materia!

La Energía de Mercurio en Aries: Publicar con Audacia

Mercurio en Aries es como tener una conversación en la que vas **directo al grano**. No hay tiempo para rodeos ni reflexiones profundas; es momento de **acción inmediata**. Este es un periodo ideal para publicar contenido que sea:

1. **Breve y contundente:** ¿Tienes una idea o un mensaje claro? ¡Genial! Mercurio en Aries es perfecto para comunicar en pocas palabras pero con mucho impacto. Publica captions cortos y directos que enganchen desde el primer segundo.

Ejemplo: "¡Hazlo hoy! No hay más excusas. #TomaAcción"

2. **Desafiantes y motivadores:** Aries es el signo de los retos y la competitividad. Aprovecha esta energía para lanzar desafíos a tus seguidores. Invítalos a participar en retos virales o en concursos, haz preguntas provocadoras o anímales a probar algo nuevo.

Ejemplo: "¿Cuándo fue la última vez que te arriesgaste? ¡Es tu momento de brillar! #Atrévete #DesafíoMercurio"

3. **Contenido enérgico**: Vídeos cortos llenos de energía y reels impactantes son clave en esta etapa. El dinamismo de Aries hará que cualquier cosa que publiques con entusiasmo y acción tenga mucho más éxito. Comparte historias que inspiren a la acción y proyectos que muestren audacia.

Técnicas para Publicar con Mercurio en Aries

Aquí tienes algunas técnicas infalibles para que tu contenido esté perfectamente alineado con Mercurio en Aries:

1. **Lanza un reto o desafío**: Esta es la mejor época para lanzar un reto en tu nicho. ¿Eres entrenador personal? Inicia un "*Reto de 5 días de cardio intenso*". ¿Vendes productos de

belleza? Crea un *"Desafío de cuidado de la piel en 7 días"*. La idea es involucrar a tus seguidores de forma activa y mantenerlos enganchados.

2. **Usa el poder de las "*llamadas a la acción*" (CTA)**: Aprovecha la naturaleza directa de Aries para *dar órdenes claras*. Si normalmente terminas tus publicaciones con un *"¿Qué piensas?"*, es momento de cambiarlo por algo más contundente: *"¡Comenta ahora!"*, *"¡Comparte tu experiencia!"* o *"¡Toma acción hoy mismo!"* Las CTA poderosas generan más interacción cuando Mercurio está en Aries, ya que la gente responde a esa energía de *"hacer algo ya"*.

3. **Contenido visual explosivo**: Los colores brillantes, los gráficos en movimiento y las imágenes de acción funcionan bien bajo la influencia de Aries. Piensa en imágenes que evoquen energía: gente corriendo, trabajando duro, superando obstáculos. Las fotos y vídeos que transmiten velocidad o desafío son un hit.

4. **Habla de "*riesgo*" y "*nuevos comienzos*"**: Este es un buen momento para introducir nuevos proyectos, productos o ideas que rompan con lo establecido. A los seguidores les encanta sentir que están siendo parte de algo fresco y emocionante. Con Mercurio en Aries, todos están más dispuestos a correr riesgos y empezar algo nuevo.

Cómo Monetizar con Mercurio en Aries

Ahora bien, *¿cómo sacamos dinero de esta energía poderosa?* Con Mercurio en Aries, las oportunidades están por todas partes, pero la clave es **ser agresivo, directo y rápido** en tu estrategia.

1. **Ofertas flash**: Mercurio en Aries es ideal para lanzar promociones o descuentos rápidos que generen urgencia. *"¡Solo por hoy!", "48 horas de descuento exclusivo", "Oferta limitada a los primeros 10 compradores"*. Estas son tácticas que apelan a la impulsividad de Aries y animan a la gente a actuar rápido. Nadie quiere perderse una oferta buena cuando siente que está a punto de desaparecer.

2. **Lanza productos o servicios con una campaña agresiva**: Si tienes un nuevo producto o servicio que deseas promocionar, este es el momento perfecto para hacerlo de manera audaz. No seas tímido, usa términos como *"Lo necesitas YA", "Esto cambiará tu vida"*. Es un buen momento para apostar fuerte por lo que ofreces. *Los seguidores alineados con la energía de Aries responderán bien a la **emoción y la sensación de urgencia**.*

3. **Colaboraciones con influencers de impacto**: Busca influencers o personas con una energía similar a Aries: personas que estén constantemente desafiando límites o motivando a su audiencia. La colaboración con este tipo de influencers puede multiplicar tu alcance y atraer a un público que esté listo para la acción.

4. **Ofrece sesiones rápidas o productos exclusivos:** Si eres coach o mentor, es un gran momento para ofrecer mini sesiones rápidas a precio promocional. Aries ama lo inmediato, así que ofrece algo que la gente pueda consumir rápidamente, como asesorías exprés o productos digitales (ebooks, guías, etc.) que puedan descargar al instante. La clave es la inmediatez.

En resumen, cuando Mercurio está en Aries, el mensaje es claro: **actúa rápido, sé directo y no te detengas**. Ya sea que estés buscando más seguidores, aumentar tus ventas o simplemente conectar más con tu audiencia, este tránsito es perfecto para **moverte con confianza y lanzarte sin miedo**.

Prepárate, porque esto es solo el comienzo. En los próximos capítulos, exploraremos otros tránsitos de Mercurio y cómo cada uno puede ayudarte a adaptar tu estrategia de Instagram a diferentes tipos de energías astrológicas. ¡Pero por ahora, aprovecha esta chispa ariana y haz que tu contenido brille!

Capítulo 4

Mercurio en Tauro

Publica con Estabilidad y Estilo

¡Bienvenido al capítulo donde Mercurio baja el ritmo, pero no la calidad! Tras la intensidad arrolladora de Aries, **Mercurio entra en Tauro**, un signo conocido por su paciencia, estabilidad y un gusto impecable por lo estético. Si en Aries lo importante era actuar rápido, en Tauro la clave es ser **consistente, elegante y crear contenido que inspire confianza y valor duradero**.

Tauro, gobernado por Venus, ama las cosas bien hechas, estéticamente agradables y que aporten un valor tangible. Por eso, cuando Mercurio transita por este signo, *es el momento perfecto para construir relaciones sólidas con tus seguidores* y enfocar tu contenido en la **calidad sobre la cantidad**.

La Energía de Mercurio en Tauro: Publicar con Paciencia y Propósito

Tauro no tiene prisa. Este es el momento de crear contenido que **dure, que transmita seguridad y confianza**. Con Mercurio en Tauro, la comunicación no necesita ser rápida, sino efectiva. Aquí es donde te tomas tu tiempo para hacer que tu mensaje realmente cale. ¿El enfoque? *Contenido que sea estéticamente agradable, funcional y que invite a la reflexión o al disfrute*. Piensa en calidad, valor y longevidad.

1. **Contenido visual atractivo**: Mercurio en Tauro te invita a elevar tu juego estético. Este es el momento de invertir en imágenes de calidad, fotografías profesionales o gráficos que sean visualmente agradables. Usa colores cálidos, naturales y relajantes, aquellos que evoquen sensaciones de estabilidad y bienestar. Recuerda, Tauro es un signo que se conecta a través de los sentidos, así que haz que tu contenido sea *una experiencia visual*.

2. **Post con enfoque práctico**: Publica contenido que tenga una utilidad clara para tu audiencia. Piensa en tutoriales, guías detalladas y consejos prácticos que tu comunidad pueda aplicar fácilmente en su vida diaria. Tauro aprecia lo que puede *tocar y usar*.

Ejemplo: Si tienes un perfil de belleza, podrías crear una guía visual sobre cómo aplicar productos para conseguir una piel perfecta. Si te dedicas al coaching, ofrece pasos concretos para crear una rutina diaria de bienestar que sea sostenible.

3. **Consistencia**: Tauro es un signo estable, por lo que ahora

es el momento perfecto para *establecer una rutina de publicaciones*. Publicar de forma constante, ya sea 3 o 4 veces por semana, genera una sensación de seguridad en tus seguidores. No se trata de saturar, sino de crear contenido valioso de forma regular que tu audiencia espere.

Ejemplo: Puedes iniciar una serie semanal de publicaciones, como "*Martes de Estilo*" o "*Viernes de Bienestar*", que inviten a tus seguidores a volver por más.

Técnicas para Publicar con Mercurio en Tauro

Aquí te dejo algunas técnicas efectivas para aprovechar la energía de Tauro en tu contenido de Instagram:

1. **Crea contenido que "*enraíce*" a tu audiencia**: Tauro ama lo práctico, pero también lo que conecta con la naturaleza y lo terrenal. Crea posts que resalten la importancia de la estabilidad y el bienestar en la vida diaria. Imagina que tu contenido es como una semilla que siembras en la mente de tus seguidores: debe tener raíces profundas y crecer de manera firme.

Ejemplo: Si ofreces servicios de coaching, publica sobre la importancia de crear hábitos que duren en el tiempo, destacando cómo construir una base sólida antes de buscar resultados rápidos.

2. **Videos tutoriales o paso a paso**: Esta es una gran oportunidad para crear **contenido educativo**. ¿Tienes un producto que quieres enseñar a usar? Crea un video tutorial paso a paso. ¿Ofreces un servicio? Muestra cómo funciona y qué beneficios reales tiene para las personas. Mercurio en Tauro favorece la paciencia, por lo que este es el momento ideal para explicar las cosas con detenimiento.

Ejemplo: Si tienes una tienda de joyería artesanal, comparte un video mostrando cómo hacer mantenimiento a tus piezas para que duren más.

3. *Contenido enfocado en el bienestar y el lujo accesible*: Tauro ama los placeres, pero no tiene por qué ser caro. Publica contenido que hable de disfrutar de las cosas buenas de la vida de manera accesible. Desde recetas saludables hasta ideas de autocuidado, cualquier contenido que invite a tu audiencia a *conectar con su bienestar* y los placeres simples tendrá mucho éxito bajo este tránsito.

4. **Ofrece estabilidad y valor**: Tauro odia las sorpresas negativas. En lugar de ser impredecible, ofrece *valor constante y confiable*. Asegúrate de que tu audiencia sepa que siempre puede contar contigo para obtener contenido útil, de alta calidad y que mejore su vida de alguna manera. Esta estabilidad atraerá a más seguidores y fortalecerá tu base.

Cómo Monetizar con Mercurio en Tauro

Cuando Mercurio está en Tauro, la clave para monetizar es simple: *crea productos y servicios que sean duraderos y de alta calidad.* Tauro no se impresiona fácilmente con las modas pasajeras, por lo que debes vender algo que tenga un valor claro y tangible. Aquí te dejo algunas estrategias para monetizar durante este tránsito:

1. **Venta de productos premium o de lujo:** Tauro tiene debilidad por la calidad y el lujo, pero eso no significa que todo tenga que ser caro. Lo importante es que lo que vendas tenga *un alto valor percibido*. Puedes ofrecer productos o servicios que sean visualmente atractivos, prácticos y que den la sensación de *"lujo accesible"*. Ya sea que vendas cosméticos, ropa o servicios de coaching, Mercurio en Tauro te invita a *aumentar el valor percibido de lo que ofreces.*

Ejemplo: Si ofreces servicios de coaching, podrías lanzar un paquete premium de sesiones, donde el enfoque sea ayudar a tu cliente a construir hábitos sólidos y duraderos para mejorar su vida a largo plazo.

2. **Promociones de productos de bienestar**: Este es un buen momento para lanzar cualquier producto o servicio relacionado con el bienestar, la calma y el autocuidado. Tauro se conecta a través del cuerpo y los sentidos, así que produc-

tos que mejoren la calidad de vida o que inviten a disfrutar del momento tendrán gran aceptación.

Ejemplo: Si tienes una línea de productos de belleza o aromaterapia, promociona kits de autocuidado bajo el lema de *"consentirse y desconectar del estrés diario"*.

3. **Programas o servicios de largo plazo:** Tauro no busca lo instantáneo, sino lo duradero. Si ofreces servicios que requieran compromiso, como planes de suscripción o programas que tomen tiempo en completarse (por ejemplo, un curso online de varias semanas), este es el momento de promocionarlos. La gente estará más dispuesta a invertir en productos que prometan resultados a largo plazo.

En resumen, **Mercurio en Tauro** es un tiempo para **consolidar, mejorar y estabilizar**. No se trata de crecer rápidamente, sino de hacerlo de manera sostenible. Publica contenido que ofrezca valor real, cuida la estética y la funcionalidad, y monetiza con productos o servicios que la gente quiera mantener a largo plazo. En los próximos capítulos, seguiremos descubriendo cómo Mercurio puede ayudarte a dominar Instagram a través de diferentes enfoques astrológicos.

Capítulo 5

Mercurio en Géminis

La Magia de la Comunicación

Después de la estabilidad y la tranquilidad de Tauro, Mercurio llega a **Géminis, el signo que gobierna**. ¡Y aquí es donde la cosa se pone realmente interesante! Si alguna vez hubo un momento ideal para brillar en redes sociales, es cuando Mercurio transita por Géminis. **Rápido, ingenioso, versátil** y siempre en movimiento, Géminis es el **rey de la comunicación**. Este es tu momento para ser más dinámico, conectar con más personas y generar conversación constante.

En este capítulo, vamos a ver cómo puedes usar la energía de Mercurio en Géminis para crear contenido que sea tan ingenioso como entretenido, cómo captar seguidores con rapidez y cómo monetizar usando estrategias basadas en la agilidad y la innovación.

La Energía de Mercurio en Géminis: ¡Muévete, Habla y Conecta!

Cuando Mercurio transita por su hogar en Géminis, la clave es ser **rápido y variado**. Este no es el momento para quedarte con un solo tipo de contenido o estrategia, sino para **probar cosas nuevas y divertirte** mientras lo haces. Los seguidores de Géminis no quieren sentirse atrapados en un solo tipo de contenido, así que tendrás que mantener su atención con publicaciones frescas y variadas.

¿Qué tipo de contenido funciona mejor con Mercurio en Géminis?

1. **Publicaciones rápidas y dinámicas**: Olvídate de los posts largos y reflexivos que hemos visto en Tauro. Aquí se trata de **posts cortos**, con mensajes ingeniosos que capten la atención al instante. **Memes, frases divertidas, encuestas rápidas o vídeos cortos** serán tus mejores amigos durante este tránsito. Usa tu creatividad para decir mucho en poco tiempo.

Ejemplo: Si tienes un perfil de moda, podrías hacer un reto de "*5 looks en 30 segundos*" o si tienes un negocio de coaching, usa frases motivacionales rápidas que inspiren a tu audiencia a tomar acción en el momento.

2. **Stories y Reels:** El Reino de la Instantaneidad: En Géminis, la comunicación es **inmediata y volátil**. Aquí es donde las Stories y Reels de Instagram juegan un papel esencial. La idea es crear contenido que desaparezca rápidamente, pero que deje una impresión duradera. ¡Publica más historias diarias, haz encuestas, lanza preguntas o comparte detrás de cámaras!

Ejemplo: Si eres emprendedor, haz pequeños vídeos mostrando cómo es tu día a día o los procesos detrás de tus productos. ¡La gente ama ver el *"detrás de escena"* y Géminis es el momento ideal para compartirlo!

3. **Juega con las palabras**: Mercurio en Géminis adora la comunicación verbal y escrita, por lo que este es el mejor momento para *usar el poder de las palabras* a tu favor. Publica juegos de palabras, preguntas ingeniosas o inicia debates con tus seguidores. Géminis disfruta de las conversaciones y el intercambio de ideas, ¡así que incentívalos a participar!

Ejemplo: Si tienes un perfil de crecimiento personal, puedes hacer publicaciones preguntando a tus seguidores qué libro les cambió la vida, o si eres dueño de un restaurante, pregunta: *"¿Cuál es la mejor salsa para las papas fritas?"* y deja que los comentarios fluyan.

4. **Colaboraciones y entrevistas**: Géminis ama la interacción social, así que este es un excelente momento para hacer *colaboraciones* con otros influencers o perfiles que complementen tu nicho. Puedes organizar entrevistas en vivo, podcasts o incluso tomar el control de la cuenta de un amigo por un día. ¡Haz ruido!

Ejemplo: Si tienes un perfil de fitness, colabora con un experto en nutrición y hablen sobre consejos rápidos para un estilo de vida saludable.

Técnicas para Publicar con Mercurio en Géminis

La energía de Géminis es rápida y versátil, así que necesitas ser igual de ágil y creativo en tu contenido. Aquí te doy algunas técnicas que te ayudarán a aprovechar al máximo este tránsito:

1. **Prueba de todo un poco**: Con Géminis, la variedad es clave. No te limites a un solo formato o estilo de contenido. Alterna entre imágenes, videos, carruseles y encuestas. Mantén a tu audiencia siempre expectante sobre qué será lo próximo que publicarás.

2. **Inicia conversaciones**: Mercurio en Géminis es el maestro del diálogo, así que no tengas miedo de *hacer preguntas* y generar conversación. Usa preguntas abiertas que inviten a tu audiencia a compartir sus opiniones o experiencias. No solo aumentará tu engagement, sino que también crearás una comunidad más participativa.

Ejemplo: Si tienes un perfil de viajes, pregunta: "*¿Playa o montaña? ¿Por qué?*" o "*Si pudieras volar mañana a cualquier lugar del mundo, ¿a dónde irías?*".

3. **Crea contenido interactivo**: Usa encuestas, cuestionarios y tests en tus Stories. Géminis es curioso por naturaleza y disfruta de la interacción ligera y entretenida. Deja que tus seguidores se diviertan participando y, de paso, aprovecha para conocer mejor a tu audiencia.

4. **Publica varias veces al día**: Géminis se mueve rápido, y tu contenido también debería hacerlo. Este es uno de los pocos momentos donde publicar varias veces al día en Instagram puede beneficiarte. **Mantén la conversación activa**, comparte varias publicaciones al día y aprovecha para experimentar con horarios y formatos.

Cómo Monetizar con Mercurio en Géminis

Ahora que tienes a tu audiencia enganchada con tu contenido variado, es el momento de **monetizar tu agilidad**. Con Mercurio en Géminis, el enfoque debe ser en **ofertas rápidas y versátiles**, que inviten a la acción inmediata:

1. **Productos o servicios de acceso rápido**: Géminis quiere *resultados inmediatos*, por lo que es ideal ofrecer productos o servicios que no requieran demasiado tiempo para ser consumidos. Piensa en **ebooks rápidos, mini-cursos online**, o incluso servicios de asesoría rápida o consultas exprés.

Ejemplo: Si eres coach, podrías ofrecer *"Sesiones flash de 30 minutos para desbloquear tu potencial"*. Si tienes una tienda de productos digitales, podrías lanzar un paquete descargable de plantillas listas para usar en redes sociales.

2. **Promociones de tiempo limitado**: Crea un **sentido de urgencia**. Usa la velocidad y la impaciencia de Géminis a tu favor ofreciendo descuentos o promociones que duren solo 24 horas o menos. Esto no solo incentiva la compra inmediata, sino que también juega con la energía rápida de este tránsito.

Ejemplo: *"¡Oferta relámpago de 24 horas! 50% de descuento en todos los productos digitales. ¡Corre antes de que desaparezca!"*

3. **Programas o retos cortos**: Otra gran manera de monetizar durante Mercurio en Géminis es a través de *programas*

cortos que sean fáciles de consumir. Los seguidores de Géminis no tienen la paciencia para compromisos a largo plazo, pero aman los *retos rápidos* y resultados inmediatos.

Ejemplo*: "Reto de 7 días para revitalizar tu feed de Instagram"*. Una idea sencilla que invita a tus seguidores a participar, divertirse y mejorar su presencia en redes sociales en poco tiempo.

En conclusión, Mercurio en Géminis es un período increíblemente poderoso para **agilizar tu contenido y generar interacción**. Aprovecha la energía rápida y curiosa de este signo para ser versátil, comunicativo y, sobre todo, ¡divertido! No tengas miedo de cambiar y probar cosas nuevas. En los próximos capítulos, veremos cómo aprovechar la energía de Mercurio en otros signos, para que sigas impulsando tu éxito en Instagram.

Capítulo 6

Mercurio en Cáncer

Conectando con la Emoción y la Intuición

Cuando Mercurio entra en Cáncer, cambiamos completamente de tono. Después de la velocidad y el ingenio de Géminis, Cáncer nos invita a **bajar el ritmo** y **profundizar en lo emocional**. Este tránsito es ideal para **conectar con tu audiencia desde el corazón**, generar un sentido de pertenencia y, sí, también para vender, pero de una manera mucho más empática y cuidadosa.

Mercurio en Cáncer es intuitivo, sensible y protector. Aquí, las palabras no solo informan, **sienten**. Este es el momento ideal para **contar historias personales, compartir reflexiones y crear contenido que toque la fibra emocional** de tus seguidores. Prepárate para **hablar desde el alma**, porque este tránsito se trata de nutrir a tu audiencia.

La Energía de Mercurio en Cáncer: Intuición y Emoción en Cada Post

Mientras que en Géminis nos preocupamos por la velocidad y la interacción, en Cáncer lo que importa es **la calidad de la conexión**. Aquí no buscamos likes por lo ingenioso o rápido de nuestras publicaciones, sino por la **profundidad**

emocional que transmiten. Mercurio en Cáncer nos pide que conectemos desde un lugar más vulnerable, y eso es lo que atraerá seguidores y fidelizará a los que ya tienes.

¿Qué tipo de contenido funciona mejor con Mercurio en Cáncer?

1. **Historias personales y emocionales**: Este es el momento perfecto para *contar tu historia*. Mercurio en Cáncer invita a la nostalgia y a la intimidad, por lo que compartir experiencias personales y momentos significativos será clave para captar la atención. No tengas miedo de mostrar tu lado vulnerable.

Ejemplo: Si tienes un perfil de emprendimiento, comparte cómo enfrentaste un momento difícil y cómo lograste superarlo. Si tienes un negocio relacionado con el bienestar, cuenta cómo descubriste la importancia de cuidar tu salud mental. La clave aquí es **ser auténtico** y permitir que tu audiencia vea tu lado humano.

2. **Contenido nostálgico**: La nostalgia es una herramienta poderosa bajo la influencia de Cáncer. Publica fotos antiguas o momentos significativos de tu trayectoria, e invita a tu audiencia a compartir sus propios recuerdos. La idea es **generar una conexión emocional** a través de la memoria y el sentimiento.

Ejemplo: Si tienes un perfil de moda, muestra looks o tendencias de décadas pasadas y pregunta a tu audiencia qué moda les trae más recuerdos. Si eres coach, puedes compartir momentos del pasado que te enseñaron lecciones valiosas, y preguntarles a tus seguidores cuál fue su momento de mayor aprendizaje.

3. **Consejos para el bienestar emocional**: Cáncer es un signo protector y cuidador, por lo que el contenido que brinde **apoyo emocional** será muy bien recibido. Publica consejos sobre cómo gestionar el estrés, mantener relaciones saludables o crear un espacio seguro para uno mismo.

Ejemplo: Si eres psicólogo o coach, ofrece consejos sobre cómo establecer límites saludables o cómo nutrir la autoestima. También podrías hablar de la importancia de tener un espacio físico y mental donde te sientas en paz.

4. **Post visualmente cálidos y acogedores**: Mercurio en Cáncer se siente atraído por lo que es **familiar, seguro y hogareño**. Asegúrate de que tu feed refleje este sentimiento a través de imágenes suaves, tonos cálidos y un ambiente acogedor. Es importante que tu contenido visualmente también transmita tranquilidad y afecto.

Ejemplo: Si tienes un perfil de decoración, muestra cómo transformar cualquier espacio en un *"hogar dulce hogar"*. O si vendes productos, asegúrate de que tu branding y fotografía transmitan una sensación de seguridad y bienestar.

Técnicas para Publicar con Mercurio en Cáncer

Para aprovechar al máximo esta energía, la clave está en **tocar el corazón** de tu audiencia. Aquí te dejo algunas técnicas específicas que puedes emplear:

1. **Cuenta una historia en tus posts**: Cada post debe tener una narrativa clara. Con Mercurio en Cáncer, las publicaciones que funcionan mejor son las que tienen un principio, un desarrollo y un desenlace. No necesitas escribir una novela, pero sí construir una pequeña historia que conecte con las emociones de tu audiencia.
Ejemplo: *"Hace cinco años, estaba sentado en mi escritorio, mirando al horizonte sin saber qué hacer con mi vida. Entonces me di cuenta de que tenía el poder para cambiarlo todo. Así fue cómo comencé este viaje de emprendimiento..."* Ya ves por dónde va la cosa, ¿verdad? Los seguidores conectan cuando compartes algo real.

2. **Llama a la reflexión**: Cáncer es introspectivo, por lo que puedes invitar a tu audiencia a *reflexionar sobre sus propias vidas*. Haz preguntas que los hagan pensar en sus relaciones, sus emociones o su propio bienestar. Cuanto más profunda sea la conversación, más engagement generarás.

Ejemplo: Si eres un perfil de desarrollo personal, podrías preguntar: *"¿Qué momento de tu vida te hizo sentir más apoyado emocionalmente? Cuéntame tu experiencia en los comentarios"*. Este tipo de preguntas no solo genera interacción, sino también una conexión más profunda.

3. **Usa imágenes familiares y hogareñas**: Como mencionamos antes, la energía de Cáncer ama lo familiar. Publica imágenes que evoquen esa sensación de *"estar en casa"*, con colores suaves, objetos cotidianos o momentos en familia. Esto hará que tu audiencia se sienta cómoda y conectada.

4. **Anima a tus seguidores a compartir sus historias**: Mercurio en Cáncer es excelente para fomentar la *comunidad y el sentido de pertenencia*. Anima a tus seguidores a compartir sus propias experiencias o a participar en conversaciones más personales.

Ejemplo: Si eres coach de vida, podrías iniciar un reto de 7 días donde tus seguidores compartan cómo se cuidan emocionalmente a sí mismos, o pedirles que publiquen una foto que represente su *"lugar seguro"*.

Cómo Monetizar con Mercurio en Cáncer

La clave para monetizar bajo la influencia de Mercurio en Cáncer es ofrecer **productos o servicios que generen una sensación de seguridad, cuidado y conexión emocional**. Aquí no se trata de ventas agresivas o estrategias rápidas, sino de construir relaciones basadas en la confianza y el apoyo mutuo.

1. **Productos de bienestar emocional**: Si vendes productos, este es el momento ideal para promocionar cualquier cosa relacionada con el *bienestar emocional* o la *auto-cuidado*. La energía de Cáncer está muy orientada al hogar y a sentirse bien consigo mismo, por lo que productos que nutran este aspecto serán un éxito.

Ejemplo: Si vendes aceites esenciales, podrías ofrecer un *"kit de relajación para el hogar"*. Si eres terapeuta, podrías lanzar un taller online sobre cómo gestionar emociones difíciles desde un lugar de amor y compasión.

2. **Consultorías o servicios emocionales**: Cáncer es ideal para ofrecer *sesiones de coaching o consultorías* orientadas al bienestar emocional o la resolución de conflictos. Puedes ofrecer paquetes personalizados que inviten a tus clientes a abrirse emocionalmente y sentirse comprendidos.

Ejemplo: Si eres coach, podrías ofrecer un paquete de sesiones llamado *"Reconecta con tu Yo Emocional"*, enfocado en ayudar a las personas a gestionar sus emociones y construir relaciones más sanas.

3. **Descuentos especiales para clientes recurrentes**: Cáncer valora lo familiar y lo confiable, por lo que este es un excelente momento para recompensar a tus clientes más leales con *descuentos especiales* u *ofertas exclusivas*.

Ejemplo: Podrías enviar un mensaje privado a tus seguidores más fieles ofreciendo un descuento especial por su apoyo constante.

En resumen, **Mercurio en Cáncer** es un momento para profundizar en el contenido emocional y auténtico, creando una comunidad fuerte y conectada. En los próximos capítulos, veremos cómo aprovechar la energía de Mercurio en otros signos para seguir potenciando tu éxito en Instagram.

Capítulo 7

Mercurio en Leo

Brilla como el Sol y Cautiva a tu Audiencia

¡Y ahora, llegamos a un signo que ama brillar tanto en la vida real como en las redes sociales! El próximo tránsito que vamos a explorar es Mercurio en Leo, donde las reglas del juego cambian por completo. Si con Cáncer el enfoque estaba en las emociones profundas y las conexiones íntimas, con Leo todo gira en torno a la **autoexpresión, la creatividad y el espectáculo**. Este es el momento de **llamar la atención, sacar a relucir tu carisma** y, por supuesto, **dominar Instagram** con tu personalidad magnética.

Cuando Mercurio transita por Leo, nos invita a comunicarnos de manera **audaz, creativa y teatral**. Leo es el signo del **reconocimiento y la admiración**, y si hay un momento para convertirte en el centro de atención en tu perfil de Instagram, ¡es ahora! Olvídate de la modestia: este es el tránsito perfecto para mostrarte tal como eres, con todos los reflectores apuntando hacia ti. Y sí, **vas a brillar**.

Con Mercurio en Leo, es hora de *crear contenido que deje huella, que inspire y que haga que tu audiencia quiera más de ti. Este tránsito es ideal para compartir* **mensajes poderosos, demostrar tu liderazgo** y **crear un impacto visual fuerte**. El contenido que publiques bajo esta energía debe reflejar tu **pasión y autenticidad**. Prepárate para recibir muchos likes, comentarios y nuevos seguidores, ¡porque la energía de Leo atrae multitudes!

La Energía de Mercurio en Leo: Carisma y Liderazgo en Cada Palabra

Mientras que con Mercurio en Cáncer conectábamos a través de las emociones y la empatía, Mercurio en Leo **exige reconocimiento**. Este tránsito se trata de **destacar** y **ser escuchado**. Tus seguidores te verán como una **figura inspiradora y carismática**, y el contenido que publiques debe reforzar esa imagen.

¿Qué tipo de contenido funciona mejor con Mercurio en Leo?

1. **Post inspiradores y motivacionales**: Leo es un líder nato, y tu contenido debe reflejar tu capacidad para *inspirar a tu audiencia*. Este es el momento de compartir tu visión, hablar de tus metas y demostrar tu *determinación*. Publica mensajes motivacionales que **empoderen** a tus seguidores y los impulsen a seguirte no solo por lo que haces, sino por **quién eres**.

Ejemplo: Si tienes un perfil de fitness, este es el momento de hacer un post impactante mostrando cómo superaste tus propios límites. Haz un llamado a la acción, invitando a tus seguidores a que también rompan sus barreras y persigan sus metas con fuerza.

2. **Contenido visualmente impactante y dramático**: Leo es el signo del drama y la creatividad, así que no escatimes en **producción visual**. Aquí no vale un post simple: usa **colores vivos, poses poderosas** y **ediciones impactantes**. Cada imagen debe ser una declaración de que *tú dominas* tu espacio en las redes.

Ejemplo: Si manejas una cuenta de moda, realiza una sesión de fotos llamativa con atuendos audaces y poses teatrales. Si tienes un perfil de maquillaje, crea looks exagerados, brillantes y poderosos que hagan que la gente se detenga al verte.

3. **Videos en los que muestres tu personalidad**: Leo es un signo que adora la atención, y no hay mejor manera de atraerla en Instagram que a través de videos. Este es el momento ideal para hacer lives, reels o stories en los que te muestres en acción, hablando directamente con tu audiencia. **Muestra tu carisma y confianza** sin miedo, porque eso es lo que Leo sabe hacer mejor.

Ejemplo: Haz un live compartiendo tus mejores consejos, realiza una serie de Preguntas y Respuestas donde puedas interactuar directamente con tus seguidores o graba videos cortos donde hagas declaraciones poderosas sobre tu visión o tus valores.

4. **Desafíos o retos llamativos**: A Leo le encanta *ser el líder de la manada*, así que organiza un reto que involucre a tu audiencia y los motive a *competir entre sí*. No tiene que ser algo

serio; puede ser un desafío divertido que te permita mostrar tu lado más dinámico y audaz.

Ejemplo: Si eres entrenador personal, lanza un desafío de "*7 días para ser tu mejor versión*". Si tu cuenta está enfocada en el emprendimiento, crea un reto de "*Cómo volverte imparable*" con objetivos diarios que tus seguidores puedan compartir.

Técnicas para Publicar Bajo la Influencia de Mercurio en Leo

El truco para tener éxito en Instagram con Mercurio en Leo es que cada post debe ser **un espectáculo en sí mismo**. La modestia no es bienvenida aquí. **Se trata de destacar** y hacer que todos noten tu presencia. Aquí tienes algunas técnicas que puedes usar:

1. **Sé tu propio publicista**: Leo tiene una energía que brilla con confianza, así que este es el momento de **hablar de tus logros sin miedo**. Publica sobre tus éxitos, proyectos pasados y futuros, y cómo estás logrando grandes cosas. **No temas parecer arrogante**: con Leo, ¡la gente espera que seas ambicioso y te felicitarán por ello!

Ejemplo: Si has alcanzado un hito importante en tu negocio o carrera, asegúrate de celebrarlo públicamente. Comparte una publicación con una imagen poderosa y un mensaje que inspire a otros a seguir tus pasos.

2. **Usa imágenes potentes y colores llamativos**: En este tránsito, tu feed debe ser una *explosión visual*. Usa colores como el dorado, el rojo o el naranja para simbolizar el fuego de Leo. No temas a las imágenes audaces: **cuanto más llamativas, mejor.**

Ejemplo: Si manejas una cuenta de arte o diseño, crea publicaciones llenas de vida y color. Comparte imágenes de tus proyectos más llamativos y usa descripciones llenas de energía y entusiasmo.

3. **Habla directamente con tu audiencia**: Leo es el signo del **líder**, así que este es el momento para dirigirte a tu audiencia como si estuvieras en un escenario. *Haz preguntas, llama a la acción* y asegúrate de que cada post deje a tus seguidores pensando en ti como un referente.
Ejemplo: Si eres coach de vida o emprendedor, publica un mensaje directo y motivacional, y pregunta a tus seguidores cuáles son sus metas más ambiciosas. Invítalos a compartir sus sueños en los comentarios y a comprometerse públicamente a hacer algo grande.

4. **Comparte momentos de éxito o glamour**: Mercurio en Leo adora el *glamour y el reconocimiento*, así que este es el momento para mostrar **lo mejor de tu vida**. Si has asistido a un evento importante, has ganado un premio o has alcanzado una meta importante, ¡compártelo con el mundo!

Ejemplo: Si tienes un perfil de estilo de vida, publica imágenes de tus viajes, eventos o momentos especiales donde se vea el **lujo o el éxito** que has alcanzado. No olvides añadir una descripción inspiradora sobre cómo el esfuerzo te llevó a ese lugar.

Monetizar con Mercurio en Leo: El Poder de la Marca Personal

Mercurio en Leo es ideal para **construir una marca personal fuerte**. Las personas compran en función de lo que representas, de tu confianza y de tu capacidad para **liderar e inspirar**. Este tránsito es perfecto para **lanzar productos premium** o servicios que reflejen tu **estatus de líder** en tu nicho.

1. **Vende productos o servicios que reflejen lujo y exclusividad**: Leo se trata de la **grandeza**, así que si puedes ofrecer algo que tenga un aire exclusivo o premium, este es el momento. La gente estará dispuesta a pagar más si siente que lo que ofreces tiene un valor elevado o les permitirá destacar.

Ejemplo: Si tienes una marca de ropa o accesorios, podrías lanzar una **edición limitada** con un precio premium. Si eres coach, podrías ofrecer un paquete VIP con sesiones personalizadas y acceso exclusivo a contenido de alto nivel.

2. **Ofrece experiencias memorables**: A Leo le encantan las experiencias que hacen sentir especial, así que piensa en *vender experiencias,* ya sean talleres exclusivos, retiros o sesiones de consultoría personalizadas.

Ejemplo: Si manejas una cuenta de bienestar o espiritualidad, podrías ofrecer un **retiro VIP** donde los participantes vivan una experiencia única, llena de lujo y atención personalizada. Si eres un influencer, podrías hacer una colaboración especial con una marca que refleje ese estilo de vida exclusivo.

3. **Monetiza tu carisma**: Si tienes una *personalidad magnética*, este es el momento para **venderte a ti mismo/a**. Los seguidores se sentirán atraídos por tu carisma y estarán dispuestos a pagar por **consultorías, mentorías o talleres** donde puedan aprender de tu actitud y experiencia.

Ejemplo: Si eres un creador de contenido o un coach, ofrece una **masterclass** sobre cómo destacarte en redes sociales, usando tu carisma y habilidades para *inspirar y motivar* a otros a hacer lo mismo.

En resumen, con **Mercurio en Leo**, es hora de ponerte bajo los reflectores y **mostrarle al mundo lo grandioso/a que eres**. Este tránsito te ofrece una oportunidad única para destacarte y hacer crecer tu marca personal en Instagram de manera poderosa. Ya sea que vendas productos o servicios, este es el momento para liderar con confianza y atraer a una audiencia que te admire por lo que representas. **¡Sigue brillando, porque el mundo está esperando verte en acción!**

Capítulo 8

Mercurio en Virgo

Detalles para Dominar Instagram

¡Vamos dejando atrás el glamour de Leo y aterrizamos en la energía práctica, precisa y detallista de Virgo! Si con Leo nos convertimos en el centro de atención a través del carisma y la creatividad, con **Mercurio en Virgo** nos toca enfocarnos en la **eficiencia, el análisis y la perfección**. No es tan llamativo como Leo, pero créeme, este es el **secreto para triunfar a largo plazo** en Instagram.

Cuando Mercurio está en Virgo, la clave está en los **detalles**. Si hay un signo que sabe cómo optimizar todo para obtener los mejores resultados, es Virgo. Y aquí, en tu cuenta de Instagram, ese **ojo clínico** y enfoque **práctico** puede marcar la diferencia entre un post bueno y uno que *realmente convierta* a seguidores en clientes.

La Energía de Mercurio en Virgo: Precisión y Estrategia para el Éxito

Virgo es el signo del **trabajo bien hecho**, de los **detalles cuidados** y la **planificación estratégica**. Mientras que Leo buscaba la atención con creatividad, Virgo busca la perfección a través de la estructura. En Instagram, este tránsito te ayudará a ser meticuloso/a con tu contenido, mejorando cada aspecto de tu presencia digital.

Es el momento de **planificar, organizar** y crear contenido que sea **útil y valioso** para tu audiencia. Virgo no se trata de hacer ruido, sino de **ofrecer calidad**. Los seguidores apreciarán tu precisión, tu habilidad para **resolver problemas** y el valor que les das en cada post.

¿Qué tipo de contenido funciona mejor con Mercurio en Virgo?

1. **Post educativos y tutoriales**: Si hay algo que Mercurio en Virgo adora es **enseñar**. Este es el tránsito ideal para ofrecer contenido útil, como **tutoriales paso a paso, guías** y publicaciones que ayuden a tu audiencia a mejorar algo en su vida. Mientras más detallado y específico sea el contenido, mejor. Virgo valora la *precisión* y la *claridad*, así que no temas ser minucioso.

Ejemplo: Si tu cuenta trata de marketing, podrías crear una serie de posts sobre *"Cómo optimizar tu perfil de Instagram en 5 pasos"*. Si manejas un perfil de cocina, este es el momento de hacer recetas detalladas, con cada ingrediente y paso explicado con precisión.

2. **Checklists y recursos descargables**: La organización es fundamental para Virgo, por lo que este tránsito es perfecto para **compartir recursos prácticos** con tu audiencia. Una teclista o un descargable puede ser increíblemente útil para tus seguidores, y a Virgo le encanta ser útil. Puedes crear

contenido descargable que tus seguidores puedan guardar y usar cuando lo necesiten.

Ejemplo: Si tienes un perfil de productividad, podrías crear un descargable con una lista de *"Hábitos diarios para ser más productivo"*. Si tu cuenta es de fitness, podrías hacer una rutina de ejercicios detallada para que tus seguidores la sigan.

3. **Post sobre optimización y organización**: Mercurio en Virgo adora *hacer las cosas mejor*, así que este es el momento para compartir consejos de *eficiencia y organización*. Publica sobre cómo hacer las cosas de manera más efectiva, desde organizar el tiempo hasta optimizar los hábitos. La audiencia de Instagram aprecia los trucos que les ahorran tiempo y les facilitan la vida.

Ejemplo: Si tu perfil es de emprendimiento, podrías hacer un post sobre cómo organizar tu semana para maximizar la productividad. Si eres un creador de contenido, podrías compartir tus técnicas para planificar tus publicaciones y mantener la consistencia.

4. **Análisis y data-driven posts**: A Virgo le gusta basarse en *datos y análisis*. Este es un buen momento para compartir estudios, estadísticas o *resultados medibles* que respalden lo que estás diciendo. Los seguidores de Instagram valoran el contenido respaldado por hechos, así que utiliza esta energía para hacer publicaciones que ofrezcan información sólida y tangible.

Ejemplo: Si tienes un perfil de marketing digital, podrías hacer un post con estadísticas sobre el mejor horario para publicar en Instagram. Si eres un nutricionista, comparte datos científicos sobre cómo ciertos alimentos impactan el bienestar.

Técnicas para Publicar Bajo la Influencia de Mercurio en Virgo

Con Mercurio en Virgo, **la planificación y el análisis son claves**. No hay lugar para la improvisación o el desorden; aquí todo debe tener un propósito claro y estar bien ejecutado. Vamos a ver algunas técnicas que pueden ayudarte a maximizar la energía de este tránsito:

1. **Planifica y estructura tu contenido**: Virgo es un signo que **ama las rutinas** y las estructuras bien organizadas. Así que este es el momento de **planificar tu calendario de contenido** con anticipación. Decide qué vas a publicar y cuándo, asegurándote de que cada post tenga un propósito definido.

Ejemplo: Si manejas un perfil de lifestyle, planifica una semana completa de contenido centrado en "*Hábitos saludables*". Puedes publicar sobre alimentación, ejercicio, productividad, etc., todo bajo un tema común. Usa herramientas de planificación para que tus posts se publiquen de manera consistente.

2. **Haz mini-series de contenido**: Virgo ama el **detalle** y la **secuencia lógica**, por lo que puedes crear una mini-serie de publicaciones que aborden un tema de manera más profunda. En lugar de hacer un solo post largo, divide la información en partes más pequeñas que publiques a lo largo de varios días. Esto también mantendrá a tu audiencia comprometida.

Ejemplo: Si manejas un perfil de belleza, podrías hacer una serie de posts titulada *"Rutina de cuidado de la piel en 3 pasos"*. Cada día publicas uno de los pasos, dando información precisa y consejos útiles en cada post.

3. **Optimiza las descripciones**: Virgo valora la **claridad** y la **precisión**, por lo que es fundamental que tus descripciones sean **concisas y útiles**. Elimina cualquier relleno y ve directo al grano. Además, incluye **llamadas a la acción** que inviten a tus seguidores a interactuar.

Ejemplo: Si publicas un post sobre productividad, incluye una descripción con pasos claros y concisos para que tu audiencia los siga. Finaliza con una pregunta o una llamada a la acción que los motive a compartir sus propios consejos en los comentarios.

4. **Haz análisis de tus resultado**s: Mercurio en Virgo es ideal para sentarte a analizar lo que ha funcionado y lo que no. Este tránsito te invita a revisar tus métricas, analizar el engagement y ajustar tu estrategia según los resultados. No temas hacer cambios si algo no está funcionando como esperabas.

Ejemplo: Revisa cuáles de tus publicaciones han tenido más interacción (me gusta, comentarios, compartidos) y ajusta tu contenido futuro en base a estos insights. Virgo es perfecto para optimizar y mejorar tu estrategia constantemente.

Monetizar con Mercurio en Virgo: El Poder de la Eficiencia y la Utilidad

Monetizar tu cuenta de Instagram con Mercurio en Virgo requiere un enfoque **organizado y orientado a soluciones**. Este es el momento para *ofrecer servicios o productos que sean prácticos y útiles* para tu audiencia. Si puedes ayudar a otros a mejorar su vida de manera tangible, tendrás éxito en este tránsito.

1. **Ofrece productos o servicios que resuelvan problemas específicos**: Virgo se trata de **soluciones prácticas**, así que si puedes vender algo que mejore la vida de tus seguidores de manera directa, estás en el camino correcto. En este tránsito, las personas estarán buscando productos o servicios que les ayuden a ser más eficientes, organizados y productivos.

Ejemplo: Si manejas un perfil de coaching de vida, podrías ofrecer un programa de organización personal o de gestión del tiempo. Si tienes un perfil de finanzas, ofrece un taller sobre cómo optimizar el presupuesto personal.

2. **Crea y vende recursos descargables**: A Virgo le encanta la organización y la planificación, por lo que este es un momento ideal para vender *planificadores, hojas de trabajo o guías* descargables que ayuden a tu audiencia a mantenerse organizada y eficiente.

Ejemplo: Si tu perfil está centrado en la productividad, crea un *"Planificador de objetivos semanales"* y véndelo en formato digital. Si tu cuenta es de nutrición, puedes ofrecer un plan de comidas detallado que tus seguidores puedan descargar y seguir.

3. **Ofrece consultorías y servicios personalizados**: Virgo es un signo que ama *la personalización y la precisión*, por lo que podrías monetizar ofreciendo *consultorías individuales o servicios especializados*. Las personas valoran el enfoque personalizado que este tránsito potencia.

Ejemplo: Si tienes un perfil de desarrollo personal, podrías ofrecer sesiones de consultoría para ayudar a tus seguidores a optimizar su tiempo o mejorar su productividad. Si manejas un perfil de emprendimiento, podrías ofrecer un análisis detallado de las cuentas de Instagram de tus clientes, ayudándoles a mejorar su presencia online.

4. **Vende productos de calidad**: Virgo no es un signo que se impresione con algo superficial; aquí lo que cuenta es la *calidad y la utilidad*. Asegúrate de que cualquier cosa que vendas bajo este tránsito esté bien hecha, sea útil y tenga un propósito claro.

Ejemplo: Si vendes productos físicos, asegúrate de que sean de excelente calidad y útiles para tu audiencia. Puedes vender herramientas de organización, gadgets que ahorren tiempo o cualquier otro producto que facilite la vida de tus seguidores.

En conclusión, con **Mercurio en Virgo**, tenemos el poder de llevar nuestra cuenta de Instagram al siguiente nivel, no solo en términos de seguidores y engagement, sino también en la calidad y utilidad del contenido que ofrecemos. Este tránsito nos invita a enfocarnos en los detalles, a ser eficientes y a optimizar todo lo que hacemos. Si aplicas estas estrategias, estarás construyendo una base sólida para el éxito a largo plazo en Instagram, tanto en términos de crecimiento como de monetización.

Capítulo 9

Mercurio en Libra

La Elegancia en Instagram

Después de la eficiencia pragmática de Virgo, Mercurio entra en Libra, el signo del **equilibrio, la belleza y las relaciones**. Aquí, la energía se vuelve más suave y refinada, y es hora de centrarse en cómo conectar con tu audiencia de manera **armoniosa y atractiva**. Mercurio en Libra te ayudará a **cultivar relaciones** en Instagram, crear contenido estéticamente agradable y, lo más importante, a utilizar el **encanto** para hacer crecer tu marca personal.

Cuando Mercurio está en Libra, la comunicación se convierte en un arte. Este tránsito es perfecto para enfocarte en la **diplomacia**, la **belleza visual**, y en crear un feed que refleje **armonía y estilo**. ¿Quieres que tu cuenta de Instagram transmita elegancia y atraiga a un público que valore el buen gusto? ¡Este es el momento ideal para lograrlo!

La Energía de Mercurio en Libra: Belleza, Equilibrio y Conexión

Libra es el signo del **equilibrio** y las **relaciones interpersonales**, y cuando Mercurio transita por este signo, el enfoque está en *conectar con otros de manera atractiva y diplomática*. La energía de Mercurio en Libra es **encantadora** y **elegante**, lo que te permitirá crear contenido que no solo sea visualmente hermoso, sino que también fomente el diálogo y la interacción con tu audiencia de una manera auténtica y amigable.

Este tránsito es perfecto para trabajar en la **estética** de tu cuenta, pero también en *cómo te comunicas con tus seguidores*. La clave aquí es encontrar el **equilibrio** entre el contenido visual y la interacción personal. Libra no busca likes por el mero hecho de tenerlos; Libra busca **relaciones auténticas** que sumen a tu comunidad.

¿Qué tipo de contenido funciona mejor con Mercurio en Libra?

1. **Post visualmente atractivos y armoniosos**: Mercurio en Libra te invita a **cuidar la estética de tu feed**. Este es el momento de trabajar en la **armonía visual** de tu cuenta, asegurándote de que todos tus posts se vean coherentes y elegantes. Libra aprecia la **belleza en cada detalle**, por lo que cualquier publicación que hagas debe ser estéticamente agradable.

Ejemplo: Si tu cuenta es de moda, crea looks perfectamente coordinados y fotografía los outfits en entornos que realcen la belleza. Si manejas un perfil de diseño o arquitectura, comparte imágenes de espacios que transmitan equilibrio y sofisticación. Usa colores suaves y composiciones bien pensadas.

2. **Contenido colaborativo**: Libra es el signo de las relaciones y la cooperación, por lo que este tránsito es ideal para *colaborar con otros creadores o marcas*. Las publicaciones conjuntas pueden ser muy poderosas bajo la influencia de Mercurio en Libra, ya que te permiten conectarte con nuevas audiencias de manera natural.

Ejemplo: Si tienes un perfil de belleza, colabora con un influencer de moda y hagan un live o un post conjunto. Si manejas una cuenta de emprendimiento, haz una colaboración con otro emprendedor para ofrecer consejos sobre cómo empezar un negocio en redes sociales.

3. **Encuestas y diálogos con tu audiencia**: Mercurio en Libra ama el *diálogo* y la *retroalimentación*, por lo que este es un buen momento para realizar **encuestas, preguntas y debates** con tu comunidad. A tu audiencia le encantará sentirse escuchada, y esto fortalecerá las relaciones y el compromiso.

Ejemplo: Si tienes una cuenta de lifestyle, pregunta a tus seguidores sobre su rutina diaria o qué temas les gustaría que abordaras en el futuro. Si eres un coach de bienestar, lanza una encuesta sobre los mayores desafíos que enfrentan tus seguidores en su vida diaria.

4. **Historias de inspiración y equilibrio**: Libra adora el concepto de **equilibrio** en todos los aspectos de la vida. Comparte contenido que inspire a tus seguidores a encontrar la **armonía** en su día a día. Este tipo de publicaciones resona-

rán especialmente bien bajo la energía de Mercurio en Libra.

Ejemplo: Si manejas una cuenta de yoga o bienestar, crea posts sobre cómo equilibrar la vida laboral y personal. Si eres un creador de contenido en el área de psicología, puedes compartir consejos para lograr relaciones más saludables y equilibradas.

5. **Contenido relacionado con la belleza y el arte**: Libra tiene una fuerte conexión con el arte, la belleza y la estética, por lo que este es el momento ideal para compartir *contenido artístico* o que celebre la belleza en todas sus formas. Aprovecha la energía de este tránsito para hacer publicaciones que inspiren visualmente y emocionalmente.

Ejemplo: Si tienes una cuenta de fotografía, comparte tu portafolio artístico con imágenes que capten la belleza de la naturaleza o la arquitectura. Si eres ilustrador o artista, comparte tus obras más recientes y habla sobre el proceso creativo detrás de ellas.

Técnicas para Publicar Bajo la Influencia de Mercurio en Libra

Con Mercurio en Libra, tu contenido en Instagram debe ser **elegante, encantador y bien equilibrado**. Aquí algunas técnicas para sacar el máximo provecho de este tránsito:

1. **Crea un feed visualmente armonioso**: Libra adora la **estética y la simetría**, por lo que este es el momento de trabajar en la **coherencia visual** de tu feed. Organiza tus publicaciones de manera que los colores, las formas y las imágenes se complementen entre sí. Puedes usar una paleta de colores específica o un estilo fotográfico que se repita en todas tus publicaciones.

Ejemplo: Si tu cuenta es de diseño gráfico, asegúrate de que cada publicación siga un patrón de colores o formas que cree un flujo armonioso en tu feed. Si eres fotógrafo, organiza tus fotos de manera que los tonos y temas se complementen entre sí, creando una sensación visual agradable.

2. *Publica sobre temas de relaciones y colaboración*: Libra es un signo que valora las *relaciones* y las *alianzas*, por lo que este es el momento de hablar sobre la importancia de *colaborar* con otros o de construir **relaciones personales y profesionales**. A tu audiencia le encantará el enfoque en las conexiones auténticas y las historias sobre cómo las relaciones impulsan el éxito.

Ejemplo: Si manejas un perfil de negocios, publica sobre cómo las alianzas estratégicas pueden impulsar el crecimiento empresarial. Si tienes una cuenta de desarrollo personal, comparte consejos sobre cómo construir relaciones más saludables y equilibradas.

3. **Haz lives y webinars colaborativos**: Mercurio en Libra adora las conversaciones significativas, así que aprovecha para hacer *lives o webinars* con otros creadores. Esta es una

excelente forma de *crecer tu comunidad*, ya que la audiencia de ambas partes estará involucrada y participando activamente.

Ejemplo: Si tienes una cuenta de emprendimiento, colabora con otro experto en negocios para ofrecer un webinar sobre cómo equilibrar la vida laboral con la personal. Si manejas un perfil de fitness, organiza un live con un nutricionista para hablar sobre cómo mantener un equilibrio saludable entre la alimentación y el ejercicio.

4. **Enfócate en los comentarios y la interacción personal**: Libra busca el **diálogo** y la **interacción**, por lo que este tránsito es ideal para dedicar tiempo a **responder comentarios** y *fomentar conversaciones* significativas con tus seguidores. A tu audiencia le encantará sentirse valorada y escuchada.

Ejemplo: Si alguien comenta en tu post, responde de manera personal, haciendo preguntas adicionales para generar más interacción. Esto no solo ayuda a aumentar el engagement, sino que también crea un sentido de comunidad en tu cuenta.

Monetizar con Mercurio en Libra: Belleza, Estilo y Relaciones Estratégicas

Monetizar tu cuenta de Instagram bajo Mercurio en Libra requiere que te enfoques en la **belleza**, la **elegancia** y las **relaciones**. Libra es excelente para construir sociedades y generar ingresos a través de colaboraciones y productos visualmente atractivos. Aquí te doy algunas ideas para monetizar durante este tránsito:

1. **Colabora con marcas de lujo o productos estéticos**: Libra está regido por Venus, el planeta de la belleza, lo que significa que las *colaboraciones con marcas de lujo* o que se centren en lo estético funcionarán increíblemente bien. Este es el momento para asociarte con empresas que representen el *buen gusto* y el *estilo refinado*.

Ejemplo: Si manejas una cuenta de moda, busca colaborar con marcas que ofrezcan productos elegantes y sofisticados. Si tu cuenta está relacionada con el diseño o el arte, asóciate con galerías o tiendas que valoren el buen gusto y la calidad.

2. **Vende productos visualmente atractivos**: Libra aprecia la belleza, por lo que este es el mejor momento para vender productos que sean visualmente atractivos y de *alta calidad*. Los seguidores estarán más dispuestos a gastar en algo que no solo sea útil, sino también hermoso.

Ejemplo: Si eres creador de contenido artístico, vende prints o productos con tus diseños. Si manejas una cuenta de decoración, puedes ofrecer servicios de asesoría o vender artículos decorativos que realcen la estética de los espacios.

3. **Ofrece servicios de consultoría sobre estilo y imagen**: Libra tiene un gran sentido del *estilo y la elegancia*, así que este es un buen momento para ofrecer *servicios de asesoría* en

temas de imagen o estilo. Ayuda a tus seguidores a mejorar su presencia personal o profesional con tu experiencia en el área.

Ejemplo: Si tienes una cuenta de moda, ofrece consultorías de imagen personal. Si tu perfil es de branding, ofrece servicios para ayudar a otros a construir una marca personal que refleje sofisticación y buen gusto.

4. **Organiza eventos de networking y colaboraciones**: Libra es el signo de las *relaciones*, por lo que puedes organizar eventos de networking o colaboraciones que te ayuden a conectar con otros profesionales y a expandir tu red de contactos. Estos eventos también pueden generar ingresos y atraer a nuevos seguidores.

Ejemplo: Organiza un evento de networking virtual para emprendedores o profesionales en tu campo. Puedes incluir charlas, paneles de discusión y oportunidades para que los participantes se conecten y colaboren.

En resumen, con **Mercurio en Libra**, la comunicación en Instagram se convierte en un arte de **elegancia, belleza y conexión**. Este tránsito te ofrece una oportunidad dorada para perfeccionar tu presencia en las redes sociales, crear contenido armonioso y construir relaciones auténticas con tu audiencia. Al enfocarte en la estética y el equilibrio, podrás no solo atraer a más seguidores, sino también fomentar un compromiso genuino y duradero.

Capítulo 10

Mercurio en Escorpio

La Transformación en Instagram

Tras el encanto elegante de Libra, entramos en las aguas profundas y misteriosas de **Mercurio en Escorpio**. Aquí es donde tu comunicación en Instagram adquiere un tono más **intenso, transformador y auténtico**. Escorpio es el signo de la verdad desnuda, de lo que está oculto bajo la superficie. Bajo este tránsito, tu contenido debe tener una dosis extra de **profundidad, misterio y poder emocional**.

Este es un momento en el que no te basta con publicar algo bonito o ingenioso; Mercurio en Escorpio exige contenido que **transforme** a tus seguidores, que toque fibras emocionales profundas y que revele lo que normalmente queda oculto. Si tienes ganas de sacudir las bases de tu audiencia, este es el tránsito perfecto para hacerlo.

La Energía de Mercurio en Escorpio: Intuición, Misterio y Transformación

Escorpio es el signo de la **transformación, el poder personal y la profundidad emocional**. Cuando Mercurio transita por este signo, tu comunicación debe tocar esos temas que suelen mantenerse en las sombras, esos que no todos se atreven a abordar. Este es el momento para desenmascarar verdades, compartir **historias de transformación personal** y explorar temas que otros podrían evitar.

La energía de Mercurio en Escorpio es **magnética** y **poderosa**. No se trata de atraer seguidores solo por diversión; aquí estamos hablando de **crear un impacto real**. Las personas que interactúan con tu contenido bajo este tránsito no se quedarán en la superficie. Quieren explorar a fondo, conectar profundamente y sentir que están experimentando algo transformador.

¿Qué tipo de contenido funciona mejor con Mercurio en Escorpio?

1. **Historias personales y vulnerables**: Mercurio en Escorpio te da el coraje de compartir contenido que sea verdaderamente **auténtico y profundo**. No es el momento para temas superficiales o livianos. Los seguidores apreciarán que seas brutalmente honesto sobre tus propios desafíos, miedos o transformaciones.

Ejemplo: Si manejas una cuenta de desarrollo personal, comparte una experiencia de vida que te haya marcado profundamente y cómo te transformó. Si tu cuenta es sobre bienestar o coaching, habla de los momentos oscuros que superaste para alcanzar un estado de bienestar.

2. **Temas ocultos y taboo**: Escorpio está regido por Plutón, el planeta de lo oculto y lo taboo, así que este es el momento para abordar esos **temas difíciles** o incómodos que normalmente no se discuten en redes sociales. La gente estará intrigada por tu disposición a hablar de lo que otros evitan.

Ejemplo: Si manejas una cuenta de psicología, explora temas sobre traumas, sombras o mecanismos de defensa. Si eres un emprendedor, habla sobre los fracasos que nadie quiere admitir y cómo los superaste.

3. **Contenido transformador**: Mercurio en Escorpio exige transformación. Publica contenido que haga que tu audiencia **cuestione sus creencias** o que los lleve a una profunda introspección. Esto puede incluir desde desafíos personales hasta procesos de cambio mental o emocional.

Ejemplo: Si tienes una cuenta de espiritualidad o astrología, comparte ejercicios de transformación personal o prácticas de introspección profunda. Si tu cuenta es de fitness o bienestar, aborda la transformación no solo física, sino también mental y emocional.

4. **Contenido que invite al misterio y a la curiosidad**: Escorpio adora el misterio, así que aprovecha para crear publicaciones que **generen intriga** y dejen a tu audiencia con ganas de más. Usa el poder de lo oculto para captar la atención de tus seguidores y mantenerlos interesados.

Ejemplo: Si manejas una cuenta de marketing, deja pistas o teasers sobre un gran lanzamiento o proyecto en el que estés trabajando, sin revelar todo de inmediato. Si tienes una cuenta de fotografía, comparte imágenes oscuras o dramáticas que inviten a tus seguidores a interpretar su significado.

5. **Transformaciones visibles**: Escorpio ama la **metamorfosis**. Cualquier tipo de contenido que muestre un **antes y después** será especialmente poderoso bajo este tránsito. Las personas se sentirán atraídas por las historias de cambio radical.

Ejemplo: Si tu cuenta es de fitness, muestra un viaje de transformación física o mental. Si eres coach de negocios, publica sobre cómo un cliente pasó de la incertidumbre a alcanzar el éxito.

Técnicas para Publicar Bajo la Influencia de Mercurio en Escorpio

Con Mercurio en Escorpio, el enfoque debe ser la **profundidad y el impacto emocional**. Aquí tienes algunas técnicas para hacer que tu contenido resuene bajo la energía escorpiana:

1. **Haz preguntas profundas**: Escorpio no tiene miedo de indagar en lo más profundo, y tus seguidores tampoco deberían tenerlo. Publica preguntas que los desafíen a mirar hacia adentro y a confrontar sus verdades personales.

Ejemplo: Si tu cuenta es de desarrollo personal, pregunta a tus seguidores: "*¿Cuál es el mayor miedo que te impide avanzar?*" o "*¿Qué transformación necesitas en tu vida pero te asusta llevar a cabo?*"

2. **Utiliza colores oscuros y contrastes dramáticos**: La estética bajo Mercurio en Escorpio debe ser **intensa y emocional**. Usa colores profundos como el negro, el morado o el rojo oscuro para crear una atmósfera de misterio y poder.

Ejemplo: Si manejas una cuenta de moda, crea looks con tonos oscuros y piezas dramáticas que transmitan fuerza y misterio. Si tienes una cuenta de fotografía, utiliza luces y sombras para crear imágenes cargadas de emoción y profundidad.

3. **Historias de transformación y poder personal**: A los seguidores les encantará ver contenido que muestre **transformaciones reales**. No tiene que ser algo enorme; incluso las pequeñas victorias personales pueden ser increíblemente poderosas bajo este tránsito.

Ejemplo: Si tienes una cuenta de coaching, comparte la historia de cómo ayudaste a un cliente a superar una gran dificultad. Si eres un creador de contenido en temas de salud mental, comparte historias de superación personal o de recuperación emocional.

4. **Publica reflexiones profundas y filosóficas**: Escorpio tiene una naturaleza filosófica, así que este es un buen momento para publicar reflexiones o pensamientos que inviten a tu audiencia a la **autoconciencia**.

Ejemplo: Si manejas una cuenta de astrología, reflexiona sobre el significado de los tránsitos planetarios en nuestras vidas. Si eres un coach de vida, habla sobre el proceso de autodescubrimiento y cómo enfrentarse a las propias sombras.

5. Crea contenido en formato de series: Escorpio ama desentrañar misterios y llegar al fondo de las cosas, por lo que una buena estrategia es crear contenido en **formatos serializados**. Divide un tema complejo en varias publicaciones, para que tus seguidores regresen buscando respuestas o la conclusión.

Ejemplo: Si manejas una cuenta de marketing, publica una serie sobre cómo reconstruir un negocio después de un fracaso. Si tu cuenta es de desarrollo personal, haz una serie de posts sobre cómo superar bloqueos emocionales o mentales.

Monetizar con Mercurio en Escorpio: La Alquimia del Éxito

Monetizar bajo Mercurio en Escorpio no es solo cuestión de dinero; se trata de **poder personal** y de crear una **conexión intensa** con tu audiencia. Aquí algunas formas de monetizar bajo esta energía:

1. **Ofrece servicios de coaching o transformación personal**: Este es un excelente momento para ofrecer servicios que *guíen a las personas a través de procesos de transformación pro-*

funda. Si tu audiencia está buscando cambio, estarán dispuestos a pagar por tu orientación y apoyo.

Ejemplo: Si eres coach de vida o terapeuta, ofrece sesiones personalizadas que ayuden a tus seguidores a transformar sus vidas. Si manejas una cuenta de desarrollo personal, ofrece programas intensivos de transformación personal.

2. **Vende productos exclusivos o ediciones limitadas**: Escorpio ama lo **exclusivo y lo raro**, así que este es un buen momento para lanzar productos que sean únicos o difíciles de conseguir. La sensación de **escasez** puede impulsar las ventas bajo este tránsito.

Ejemplo: Si eres artista, vende piezas únicas o limitadas de tu trabajo. Si manejas una tienda online, lanza una edición especial de productos que solo esté disponible durante un tiempo limitado.

3. **Crea contenido premium y oculto**: Mercurio en Escorpio es perfecto para lanzar *contenido premium* o **membresías** en las que ofrezcas acceso a *información exclusiva*. Tu audiencia estará dispuesta a pagar por acceder a este tipo de contenido más profundo y privado.

Ejemplo: Si tienes una cuenta de espiritualidad o astrología, ofrece lecturas o reportes personalizados que solo estén disponibles para miembros exclusivos. Si eres creador de contenido, lanza un Patreon o un servicio de suscripción donde ofrezcas contenido especial.

4. **Vende cursos de transformación o habilidades ocultas**: Este tránsito es ideal para vender cursos que ofrezcan a tus seguidores herramientas para transformarse o adquirir habilidades poco comunes.

Ejemplo: Si manejas una cuenta de astrología, vende un curso avanzado sobre astrología esotérica o magia planetaria. Si tu cuenta es sobre desarrollo personal, ofrece un curso intensivo sobre cómo superar bloqueos emocionales.

En conclusión, con **Mercurio en Escorpio**, el éxito en Instagram se basa en la honestidad radical, la **transformación personal** y el **poder emocional**. Aprovecha este tránsito para compartir tus verdades más profundas y crear contenido que realmente transforme a tus seguidores. La energía de Escorpio te invita a sumergirte en las aguas profundas y misteriosas del alma humana y a conectar con tu audiencia en un nivel emocional más allá de lo superficial.

Capítulo 11

Mercurio en Sagitario

Expande tu Influencia

Después de las profundidades emocionales de Escorpio, llegamos al vasto horizonte de **Mercurio en Sagitario**, un tránsito que nos invita a **expandir nuestros límites, explorar nuevas ideas y transmitir sabiduría**. Sagitario es el signo de la **aventura**, la **filosofía** y la búsqueda de la verdad, y cuando Mercurio transita por este signo, tu enfoque en Instagram debe volverse más **amplio, optimista y exploratorio**.

Sagitario no se conforma con respuestas simples. Este signo quiere **grandes ideas**, historias que hablen de aventuras y que desafíen la mentalidad convencional. Aquí, tu contenido tiene que ser expansivo, global, lleno de entusiasmo y con una buena dosis de honestidad filosófica.

La Energía de Mercurio en Sagitario: Optimismo, Sabiduría y Expansión

Con Mercurio en Sagitario, tu comunicación en Instagram se convierte en una herramienta para **inspirar, enseñar y expandir** la visión de tu audiencia. Ya no basta con quedarse en los detalles pequeños o locales; este es el momento de pensar en **grande**, de tocar temas que sean universales y que lleven a tu audiencia a explorar nuevos horizontes.

Sagitario también es un signo que ama la **libertad** y la **espontaneidad**, por lo que este es el momento ideal para ser más **abierto y optimista** en tus publicaciones. Comparte tu pasión por aprender, por viajar o por cualquier cosa que despierte curiosidad. Es probable que, bajo este tránsito, tu audiencia se sienta atraída por ese mismo deseo de **exploración y expansión**.

¿Qué tipo de contenido funciona mejor con Mercurio en Sagitario?

1. **Historias de viaje y aventura**: Sagitario es el gran explorador del zodiaco, por lo que este es el mejor momento para compartir historias de viaje, ya sean literales o metafóricas. Publica sobre tus aventuras personales, tus aprendizajes y las lecciones que te han llevado a crecer como persona.

Ejemplo: Si tu cuenta está enfocada en estilo de vida o desarrollo personal, comparte las experiencias más transformadoras de tus viajes. Si eres fotógrafo, sube imágenes de lugares lejanos y exóticos que inviten a la aventura.

2. **Publica contenido educativo**: Mercurio en Sagitario ama enseñar y aprender. Este es un tránsito ideal para compartir **conocimientos profundos** sobre temas que te apasionen. Cualquier cosa que expanda la mente de tu audiencia será bienvenida.

Ejemplo: Si manejas una cuenta de astrología, este es el momento para profundizar en temas filosóficos o esotéricos que puedan abrir la mente de tu audiencia. Si tienes una cuenta de marketing, comparte estrategias avanzadas que permitan a tus seguidores alcanzar nuevas alturas.

3. **Temas filosóficos y reflexiones profundas**: Sagitario está gobernado por Júpiter, el planeta de la sabiduría y la expansión. Publica reflexiones filosóficas que desafíen las formas convencionales de pensar o que inviten a tu audiencia a ver el mundo de una manera diferente.

Ejemplo: Si manejas una cuenta de coaching o desarrollo personal, plantea preguntas profundas sobre el sentido de la vida o el propósito. Si tu cuenta es de bienestar, comparte pensamientos sobre cómo la aventura, el crecimiento y la expansión mental son parte del bienestar integral.

4. **Contenido optimista y motivacional**: Sagitario es optimista y busca siempre lo mejor en cada situación. Aprovecha este tránsito para publicar contenido motivacional, que inspire a tu audiencia a ser más positiva y expansiva en su forma de pensar.

Ejemplo: Si tu cuenta es sobre negocios o emprendimiento, publica sobre cómo adoptar una mentalidad expansiva puede abrir puertas a nuevas oportunidades. Si manejas una cuenta de fitness, anima a tu audiencia a expandir sus límites físicos y mentales para alcanzar nuevas metas.

5. **Conocimiento global y cultural**: Sagitario también tiene una fuerte conexión con lo global y lo multicultural, así que este es un buen momento para explorar culturas, idiomas o filosofías de vida de otros lugares del mundo.

Ejemplo: Si tu cuenta es de cocina, publica recetas de diferentes países o comparte la historia detrás de platillos tradicionales. Si manejas una cuenta de moda, muestra estilos de diferentes partes del mundo y reflexiona sobre cómo las culturas inspiran tendencias.

Técnicas para Publicar Bajo la Influencia de Mercurio en Sagitario

Mercurio en Sagitario requiere que tus publicaciones se enfoquen en la **amplitud** y el **conocimiento**, pero también en la **libertad y la espontaneidad**. Aquí tienes algunas técnicas para aprovechar al máximo este tránsito:

1. **Crea contenido expansivo y global**: No te limites a tu nicho local. Mercurio en Sagitario te invita a pensar en términos globales. Puedes compartir cómo tu trabajo o tu visión puede impactar a personas en todo el mundo, o cómo las ideas universales que exploras en tu cuenta pueden aplicarse a diferentes culturas.

Ejemplo: Si manejas una cuenta de negocios, muestra cómo tus estrategias pueden aplicarse en diferentes mercados. Si eres creador de contenido en temas de desarrollo personal, habla sobre las enseñanzas espirituales o filosóficas de otras culturas.

2. **Haz colaboraciones internacionales**: Sagitario es un signo que adora la colaboración global, así que este es un excelente momento para conectar con creadores de otros países o culturas. Las colaboraciones que crucen fronteras atraerán a una audiencia diversa y expandirán tu red.

Ejemplo: Si manejas una cuenta de moda, colabora con diseñadores internacionales. Si eres un creador de contenido en temas de educación, trabaja con expertos de otros países para ofrecer perspectivas más amplias.

3. **Usa hashtags globales y expande tu alcance**: Aprovecha este tránsito para usar hashtags que no solo se enfoquen en tu mercado local, sino también en audiencias globales. Mercurio en Sagitario es ideal para atraer a personas de diferentes partes del mundo.

Ejemplo: Si tienes una cuenta de viajes, utiliza hashtags en varios idiomas para llegar a un público más amplio. Si manejas una cuenta de arte, etiqueta a galerías y museos internacionales para captar la atención de seguidores globales.

4. **Publica contenido espontáneo y auténtico**: Sagitario es un signo espontáneo, así que no te preocupes por hacer todo perfecto o demasiado planificado. Este es un buen momento para dejarte llevar por la inspiración del momento y

publicar contenido que refleje tu **entusiasmo y autenticidad**.

Ejemplo: Si manejas una cuenta de estilo de vida, comparte momentos espontáneos de tu día a día que inspiren a tu audiencia. Si eres fotógrafo, sube imágenes sin mucho retoque, capturando la belleza natural de las cosas.

5. **Lleva a tu audiencia en un viaje virtual**: Sagitario ama la exploración, así que puedes llevar a tu audiencia en un viaje virtual a través de tu contenido. Ya sea un tour por tu ciudad, un vistazo a tu proceso creativo o una aventura personal, a tus seguidores les encantará seguir tus pasos.

Ejemplo: Si manejas una cuenta de cocina, haz un tour virtual por mercados internacionales. Si tu cuenta es de fotografía, lleva a tus seguidores a una sesión de fotos en un lugar especial o a un viaje en busca de inspiración.

Monetizar con Mercurio en Sagitario: Expande tu Impacto y Tus Ingresos

Con Mercurio en Sagitario, monetizar en Instagram tiene que ver con la **expansión**. Este es un momento ideal para lanzar productos o servicios que atraigan a una audiencia más amplia y para diversificar tus fuentes de ingresos. Aquí algunas ideas para aprovechar al máximo este tránsito:

1. **Lanza cursos o programas educativos**: Sagitario es el sig-

no de la educación y el aprendizaje, por lo que este es un excelente momento para vender **cursos online**, programas educativos o **webinars**. Las personas estarán dispuestas a pagar por tus conocimientos si los ayudas a expandir su visión o aprender algo nuevo.

Ejemplo: Si manejas una cuenta de desarrollo personal, lanza un curso sobre crecimiento personal basado en filosofías globales. Si tu cuenta es de marketing, ofrece un webinar sobre cómo expandir un negocio internacionalmente.

2. **Vende productos relacionados con la exploración y el viaje**: La energía de Sagitario también está vinculada al viaje y la aventura. Puedes monetizar vendiendo productos que ayuden a tus seguidores a explorar nuevos lugares o a **conectar con otras culturas**.

Ejemplo: Si tienes una cuenta de estilo de vida o viajes, vende guías de viaje personalizadas. Si eres un creador de contenido, lanza productos que ayuden a tu audiencia a planificar sus propias aventuras.

3. **Ofrece servicios de consultoría o coaching internacional**: Sagitario adora conectar con personas de todo el mundo, así que este es un buen momento para ofrecer consultorías o coaching a nivel internacional. Utiliza la tecnología para conectarte con clientes en diferentes países y culturas.

Ejemplo: Si manejas una cuenta de desarrollo personal, ofrece sesiones de coaching online para clientes internacionales. Si eres un experto en marketing, vende tus servicios de consultoría para ayudar a empresas a expandirse globalmente.

4. **Expande tus patrocinios a nivel internacional**: Busca oportunidades de colaboración o patrocinio con marcas globales o que tengan una fuerte presencia internacional. Con la energía expansiva de Sagitario, es probable que encuentres marcas que quieran asociarse contigo para llegar a una audiencia más diversa.

Ejemplo: Si manejas una cuenta de fitness, colabora con marcas de ropa deportiva internacionales. Si tienes una cuenta de tecnología, busca patrocinios con empresas que quieran expandir su mercado global.

En resumen, con **Mercurio en Sagitario**, tienes la oportunidad de llevar tu cuenta de Instagram a nuevas alturas. Este tránsito te invita a **pensar en grande**, a **expandir tus límites** y a **conectar con una audiencia global** a través de contenido auténtico, educativo y lleno de optimismo. Utiliza esta energía expansiva para monetizar y crecer tu influencia en plataformas que crucen fronteras, y prepárate para ver cómo tu cuenta se transforma en una fuente de inspiración y sabiduría para tus seguidores.

Capítulo 12

Mercurio en Capricornio

Estrategia y Constancia en Instagram

Después de la expansión y la libertad de Sagitario, llega el momento de poner los pies en la tierra con **Mercurio en Capricornio**. Este es el signo del **éxito a largo plazo**, la **disciplina** y la **estructura**, y cuando Mercurio transita por Capricornio, tu enfoque en Instagram debe volverse más estratégico, metódico y **ambicioso**.

Capricornio no se conforma con resultados inmediatos o éxitos efímeros. Este signo quiere **logros sólidos**, crecimiento **sostenido** y reconocimiento **duradero**. En este capítulo, aprenderás a planificar contenido de manera estructurada, a definir metas claras y a utilizar la energía de Capricornio para construir una presencia en Instagram que resista el paso del tiempo. Si buscas monetizar y escalar tu cuenta de Instagram, este tránsito te enseña que la clave está en la **dedicación, el trabajo constante y en pensar a largo plazo**.

La Energía de Mercurio en Capricornio: Estructura, Ambición y Paciencia

Con Mercurio en Capricornio, el enfoque en Instagram

cambia a uno más serio, estratégico y orientado hacia el éxito profesional. Este tránsito te ayuda a pensar con **claridad** y a establecer **planes de acción** que te lleven a resultados tangibles.

Capricornio es conocido por su **ética de trabajo impecable** y su **determinación**. Es un signo que no tiene miedo de poner el esfuerzo necesario para lograr sus metas, y este es precisamente el tipo de energía que puedes aprovechar para llevar tu cuenta al siguiente nivel.

Durante este tránsito, tus seguidores apreciarán un contenido que se enfoque en la **productividad**, el trabajo duro, y cómo alcanzar el éxito de forma sostenida. Piensa en tus publicaciones como una especie de **plan maestro** para el éxito en Instagram, donde cada post es un paso hacia una meta bien definida.

¿Qué tipo de contenido funciona mejor con Mercurio en Capricornio?

1. **Contenido estratégico y basado en metas**: Este es el momento perfecto para compartir tu visión a largo plazo y cómo planeas alcanzar tus metas. Capricornio ama los objetivos claros y alcanzables, así que muestra a tu audiencia cómo establecer metas realistas y los pasos que deben seguir para alcanzarlas.

Ejemplo: Si tienes una cuenta de negocios o desarrollo personal, publica sobre cómo fijar metas claras y desarrollar un plan paso a paso para alcanzarlas. Si manejas una cuenta de fitness, comparte planes de entrenamiento a largo plazo que guíen a tu audiencia hacia resultados duraderos.

2. **Consejos sobre productividad y organización**: La energía de Capricornio es increíblemente eficiente, por lo que este es un excelente momento para compartir tus secretos sobre **productividad, gestión del tiempo** y **organización**. Tu audiencia valorará cualquier consejo que les ayude a ser más eficientes en su vida o trabajo.

Ejemplo: Si eres un creador de contenido en temas de negocios, comparte estrategias para organizar tareas, cómo priorizar y cómo manejar múltiples proyectos. Si manejas una cuenta de estilo de vida, ofrece consejos sobre cómo organizar el hogar o la vida personal para ser más productivo.

3. **Lecciones sobre perseverancia y disciplina**: Capricornio es el maestro de la disciplina y la perseverancia. Comparte historias que reflejen la importancia de mantener el enfoque y el compromiso a pesar de los obstáculos. A tus seguidores les encantará recibir contenido que refuerce la idea de que el éxito no llega de la noche a la mañana.

Ejemplo: Si tienes una cuenta de desarrollo personal, publica sobre la importancia de la constancia en la consecución de metas. Si manejas una cuenta de arte, comparte cómo la práctica constante es la clave para mejorar en cualquier disciplina creativa.

4. Inspiración para el éxito a largo plazo: Capricornio no se enfoca en éxitos rápidos, sino en la construcción de un legado. Publica contenido que inspire a tu audiencia a pensar a largo plazo y a desarrollar una visión clara para su futuro profesional o personal.

Ejemplo: Si tienes una cuenta de emprendimiento, publica sobre la importancia de construir una marca sólida que resista los altibajos del mercado. Si manejas una cuenta de coaching, ofrece consejos sobre cómo desarrollar una carrera o negocio que prospere a largo plazo.

5. Temas de autoridad y liderazgo: Capricornio rige sobre las estructuras de poder y liderazgo, lo que lo convierte en un excelente momento para compartir contenido sobre cómo convertirse en una figura de autoridad en tu campo.

Ejemplo: Si manejas una cuenta de negocios, publica sobre cómo establecer tu autoridad en la industria o cómo desarrollar habilidades de liderazgo. Si tienes una cuenta de desarrollo personal, habla sobre cómo tomar el control de tu vida y convertirte en el líder de tu propio destino.

Técnicas para Publicar Bajo la Influencia de Mercurio en Capricornio

1. Desarrolla un plan de contenido estructurado: Mercurio en Capricornio es metódico y organizado. Durante este tránsito, es esencial tener un plan de contenido **sólido**. En lugar de publicar de manera impulsiva, toma el tiempo para estructurar tu calendario de publicaciones y alinear tu contenido con tus metas a largo plazo.

Ejemplo: Si tienes una cuenta de negocios o emprendimiento, organiza tu contenido en bloques semanales que aborden temas clave de productividad, liderazgo y éxito. Si manejas una cuenta de desarrollo personal, planifica una serie de publicaciones sobre cómo establecer y alcanzar objetivos importantes.

2. **Utiliza métricas y análisis**: Capricornio valora los resultados tangibles, por lo que este es un buen momento para revisar las métricas de tu cuenta y ajustar tu estrategia en función de lo que funciona. Dedica tiempo a analizar qué tipo de publicaciones generan más interacción y cuáles no están alcanzando su potencial.

Ejemplo: Si tienes una cuenta de negocios, revisa el rendimiento de tus publicaciones anteriores para ver qué contenido atrae más a tu audiencia. Si manejas una cuenta creativa, utiliza las métricas para descubrir qué estilos o temas resonaron más con tus seguidores y afina tu estrategia en función de eso.

3. **Publica sobre tu progreso y logros**: Capricornio aprecia el progreso constante. Comparte con tu audiencia cómo estás alcanzando tus metas y los hitos importantes en tu trayectoria. Esto no solo te posiciona como una figura de autoridad, sino que también inspira a tus seguidores a mantenerse comprometidos con sus propias metas.

Ejemplo: Si manejas una cuenta de emprendimiento, publica sobre los hitos que has alcanzado en tu negocio y cómo la disciplina ha sido clave en tu éxito. Si tienes una cuenta de fitness, comparte tu progreso personal o los avances de tus clientes para motivar a otros.

4. **Enfócate en la calidad por encima de la cantidad**: Mercurio en Capricornio prefiere contenido de calidad, cuidadosamente pensado, sobre la cantidad. Evita la tentación de publicar por publicar, y enfócate en crear publicaciones que tengan un **valor duradero** para tu audiencia.

Ejemplo: Si tienes una cuenta de marketing, ofrece análisis detallados y consejos prácticos que tu audiencia pueda aplicar durante mucho tiempo. Si manejas una cuenta de desarrollo personal, comparte reflexiones profundas que lleven a tus seguidores a pensar en su vida de manera más estratégica.

5. **Promueve la paciencia y el esfuerzo a largo plazo**: Capricornio enseña que el éxito verdadero llega con paciencia y trabajo duro. Publica contenido que refuerce esta lección y anime a tu audiencia a mantenerse enfocada en sus metas, incluso cuando los resultados no son inmediatos.

Ejemplo: Si manejas una cuenta de coaching, comparte historias de éxito que subrayen la importancia del esfuerzo constante. Si tienes una cuenta de arte o creatividad, habla sobre cómo la práctica y la mejora gradual conducen a la excelencia.

Monetizar con Mercurio en Capricornio: Construye una Fuente de Ingresos Sólida

Con Mercurio en Capricornio, la clave para la monetización en Instagram está en crear **fuentes de ingresos estables y sostenibles**. En lugar de buscar éxitos rápidos, este tránsito te invita a pensar en **estrategias a largo plazo** que te permitan generar ingresos constantes con el tiempo.

1. **Ofrece productos o servicios de alta calidad**: Capricornio
 valora la calidad sobre la cantidad, por lo que este es el momento ideal para lanzar productos o **servicios premium**. En lugar de ofrecer algo barato o de baja calidad, enfócate en vender algo que tenga valor y que atraiga a clientes que busquen lo mejor.

Ejemplo: Si tienes una cuenta de desarrollo personal, ofrece un programa de coaching premium que proporcione resultados tangibles y a largo plazo. Si manejas una cuenta de negocios, vende un curso avanzado que enseñe a tu audiencia cómo construir un negocio sólido y sostenible.

2. **Lanza una suscripción o membresía**: Capricornio está relacionado con la estabilidad y la seguridad, lo que lo convierte en un excelente momento para lanzar un *modelo de*

membresía o suscripción. Esto te permitirá generar ingresos recurrentes y crear una base de clientes leales a largo plazo.

Ejemplo: Si tienes una cuenta de fitness, lanza una suscripción mensual para acceder a planes de entrenamiento exclusivos. Si manejas una cuenta de astrología, ofrece una membresía que brinde acceso a contenido especializado, lecturas astrológicas personalizadas o cursos.

3. **Colabora con marcas que reflejen tus valores**: Capricornio valora la **integridad** y la **reputación**, por lo que este es el momento ideal para colaborar con marcas que se alineen con tus principios y visión a largo plazo. Asegúrate de que cualquier patrocinio o colaboración refleje tu compromiso con la calidad y el éxito a largo plazo.

Ejemplo: Si manejas una cuenta de bienestar, colabora con marcas que promuevan la salud integral. Si tienes una cuenta de emprendimiento, busca asociaciones con empresas que ofrezcan soluciones innovadoras y efectivas para emprendedores.

En resumen, **Mercurio en Capricornio** es el tránsito perfecto para fortalecer los cimientos de tu cuenta de Instagram. Este es el momento de poner en práctica la **disciplina**, la **estrategia** y la **paciencia**, y de construir una presencia sólida que te permita crecer a largo plazo. Con una mentalidad enfocada en el éxito sostenido, tendrás la capacidad de monetizar tu cuenta de manera efectiva y generar ingresos estables y duraderos.

Capítulo 13

Mercurio en Acuario

Innovación, Originalidad y Disrupción

Después de la estructura y disciplina de Capricornio, avanzamos hacia la energía **innovadora, visionaria** y **disruptiva** de **Mercurio en Acuario**. Este tránsito te invita a pensar fuera de lo convencional y a explorar nuevas formas de comunicarte y conectar con tu audiencia de manera única y futurista.

Acuario es el signo de lo inesperado, de la tecnología, y de las **ideas revolucionarias**. Cuando Mercurio transita por este signo, la clave es la **originalidad** y la capacidad de destacar entre la multitud. Si quieres que tu cuenta de Instagram despegue y se vuelva viral, este es el tránsito perfecto para hacerlo.

En este capítulo, exploraremos cómo aprovechar al máximo la energía de Mercurio en Acuario para crear contenido que rompa esquemas, utilice la **tecnología de vanguardia** y atraiga a seguidores con un enfoque fresco y moderno. También hablaremos sobre técnicas para monetizar tu cuenta mientras te posicionas como un referente innovador en tu nicho.

La Energía de Mercurio en Acuario: Originalidad y Tecnología

Acuario es el signo que representa el **progreso** y el **futuro**. Durante el tránsito de Mercurio por este signo, el enfoque está en la **creatividad tecnológica**, la **innovación** y en desafiar el status quo. Este es un periodo ideal para experimentar con nuevas plataformas y formatos de contenido, como **videos virales**, reels o incluso la **realidad aumentada y virtual**.

Tu audiencia estará más receptiva a contenido que los sorprenda, los saque de su zona de confort y les muestre una nueva perspectiva del mundo. Mercurio en Acuario favorece las ideas disruptivas, las campañas poco convencionales y cualquier cosa que se sienta **futurista** o **única**.

¿Qué tipo de contenido funciona mejor con Mercurio en Acuario?

1. **Videos virales y contenido interactivo**: Este es el momento ideal para experimentar con videos virales, reels y cualquier tipo de contenido interactivo que invite a tu audiencia a participar. Acuario valora la conexión grupal y las comunidades, por lo que el contenido que incentive la participación o el debate será muy efectivo.

Ejemplo: Si tienes una cuenta de tecnología, prueba con videos que presenten gadgets innovadores o soluciones tecnológicas sorprendentes. Si manejas una cuenta de bienestar, experimenta con videos interactivos que invitan a tu audiencia a tomar decisiones sobre su autocuidado de forma creativa.

2. **Contenido sobre tecnología y futuro**: Acuario ama todo lo que tenga que ver con la tecnología de punta y las tendencias futuras. Publicar contenido sobre cómo las tecnologías emergentes están cambiando el mundo o cómo te imaginas el futuro de tu industria será un hit durante este tránsito.

Ejemplo: Si manejas una cuenta de moda, explora temas como la moda sostenible o el uso de la inteligencia artificial en el diseño de ropa. Si tienes una cuenta de educación, habla sobre el futuro del aprendizaje en línea y las herramientas que transformarán la enseñanza.

3. *Contenido disruptivo y provocador*: Mercurio en Acuario favorece el contenido que desafía las normas establecidas y que se atreve a ser diferente. No tengas miedo de ser provocador, de cuestionar las tradiciones o de hablar de temas tabú.

Ejemplo: Si tienes una cuenta de estilo de vida o moda, crea contenido que desafíe las normas estéticas tradicionales. Si manejas una cuenta de astrología, experimenta con ideas que mezclen la astrología con la ciencia o temas futuristas.

4. **Colaboraciones grupales**: Acuario es el signo de las comunidades y redes. Colaborar con otros influencers o mar-

cas puede ser una estrategia muy efectiva durante este tránsito. A tu audiencia le encantará ver cómo combinas fuerzas para crear algo **nuevo y emocionante**.

Ejemplo: Si manejas una cuenta de emprendimiento, colabora con otros expertos para discutir el futuro de los negocios. Si tienes una cuenta de arte, organiza una colaboración creativa donde diferentes artistas participen en un proyecto conjunto.

5. **Memes y humor inteligente**: El humor y los memes pueden ser una excelente manera de captar la atención de tu audiencia bajo Mercurio en Acuario. Siempre y cuando sea inteligente y relevante, el humor tiene el poder de hacer que tu contenido se vuelva viral rápidamente.

Ejemplo: Si tienes una cuenta de finanzas, crea memes sobre las tendencias económicas más recientes. Si manejas una cuenta de bienestar, usa el humor para tratar temas como el autocuidado o la meditación de una manera fresca y divertida.

Técnicas para Publicar Bajo la Influencia de Mercurio en Acuario

1. **Innova en el formato**: Mercurio en Acuario te invita a ser disruptivo en la forma en que presentas tu contenido. No te limites a lo tradicional. Experimenta con nuevos formatos y herramientas que sorprendan a tu audiencia.

Ejemplo: Si manejas una cuenta de tecnología o diseño,

prueba con videos 3D, filtros de realidad aumentada o transmisiones en vivo que involucren a tu audiencia de manera interactiva.

2. **Sé impredecible**: Durante este tránsito, no tengas miedo de romper con la rutina y sorprender a tu audiencia. **Publica en momentos inesperados** o con contenido que no sigue una estructura predecible.

Ejemplo: Si manejas una cuenta de moda, lanza colecciones cápsula o colaboraciones sorpresa. Si tienes una cuenta de astrología, publica contenido que integre temas futuristas o aspectos más científicos de la astrología.

3. **Enfócate en la originalidad**: La clave durante Mercurio en Acuario es ser lo más original posible. Cuanto más único sea tu contenido, mayor será el impacto.
Ejemplo: Si manejas una cuenta de arte, crea una serie que rompa con lo convencional y explora nuevas formas de expresión. Si tienes una cuenta de estilo de vida, experimenta con publicaciones que desafíen las normas sociales o culturales.

4. **Aprovecha las tendencias tecnológicas**: Mercurio en Acuario favorece el uso de la tecnología avanzada y las tendencias emergentes en redes sociales. Mantente al día con las nuevas herramientas de Instagram y prueba aquellas que te permitan destacar.

Ejemplo: Utiliza la inteligencia artificial para generar contenido innovador o explora las posibilidades del *machine learning* en la creación de campañas personalizadas. Si tienes una cuenta de marketing, muestra cómo las empresas pueden aprovechar la automatización para mejorar su rendimiento.

Monetizar con Mercurio en Acuario: Creatividad y Colaboraciones

La clave para monetizar tu cuenta de Instagram con Mercurio en Acuario es **pensar fuera de la caja** y aprovechar la **tecnología** y las **colaboraciones** grupales. Aquí te mostramos algunas formas efectivas de generar ingresos bajo la influencia de este tránsito:

1. **Ofrece productos o servicios disruptivos**: Este es el momento perfecto para vender productos o servicios que sean **innovadores** o que ofrezcan una nueva perspectiva. Si puedes presentar algo que sea revolucionario en tu nicho, tendrás grandes oportunidades de monetizar.

Ejemplo: Si manejas una cuenta de tecnología, ofrece consultorías sobre cómo las empresas pueden implementar soluciones innovadoras. Si tienes una cuenta de arte, vende obras que mezclen arte tradicional con tecnologías emergentes, como el arte digital o NFTs.

2. **Crea eventos o talleres en línea:** Aprovecha la energía de Acuario para organizar eventos online o talleres que ofrez-

can una experiencia única a tu audiencia. Utiliza la tecnología para conectar a personas de todo el mundo y crear comunidades alrededor de tus productos o servicios.

Ejemplo: Si tienes una cuenta de astrología, organiza un taller online sobre el impacto de la tecnología en la astrología moderna. Si manejas una cuenta de diseño, ofrece un curso sobre cómo usar herramientas digitales para crear proyectos disruptivos.

3. **Colaboraciones grupales con enfoque tecnológico**: Este tránsito favorece las colaboraciones con otros creadores o marcas, especialmente si están enfocadas en la tecnología o en ideas futuristas. Las colaboraciones pueden ayudarte a llegar a nuevas audiencias y aumentar tus ventas.

Ejemplo: Si tienes una cuenta de marketing digital, colabora con expertos en inteligencia artificial para crear una serie de webinars. Si manejas una cuenta de bienestar, colabora con empresas tecnológicas que ofrezcan gadgets para el autocuidado.

4. **Explora nuevas plataformas de monetización**: Mercurio en Acuario favorece la exploración de nuevas plataformas digitales que te permitan monetizar de formas no tradicionales. Plataformas emergentes como *Patreon*, *NFTs* o el *metaverso* pueden abrir nuevas puertas para ti.

Ejemplo: Si tienes una cuenta de arte, vende tus creaciones en formato de *NFTs*. Si manejas una cuenta de música o contenido audiovisual, explora las plataformas de streaming para monetizar tus producciones de forma creativa.

En resumen, con **Mercurio en Acuario** es un momento para atreverte a ser diferente, disruptivo y original. La clave del éxito durante este tránsito es la capacidad de innovar y aprovechar las herramientas tecnológicas para llevar tu contenido a nuevos niveles. Si logras conectarte con las tendencias emergentes y presentas algo único a tu audiencia, no solo crecerás en seguidores, sino también en oportunidades de monetización.

Capítulo 14

Mercurio en Piscis

Creatividad, Intuición y Conexión Emocional

Ahora llega el momento de sumergirse en el mundo emocional, creativo e intuitivo de **Mercurio en Piscis**. Este tránsito trae una energía completamente distinta: en lugar de enfocarse en la lógica y la planificación, Piscis te invita a conectar con tu audiencia de una forma **más profunda, emotiva y espiritual**.

Mercurio en Piscis es un tiempo para **dejar fluir la imaginación**, para experimentar con contenido que toque el corazón de tus seguidores y les inspire. La intuición y los sentimientos juegan un papel crucial durante este tránsito, lo que lo convierte en un periodo perfecto para explorar el **arte**, la **espiritualidad** y el **contenido inspiracional** en tu cuenta de Instagram.

Este capítulo te guiará a través de cómo aprovechar la energía de Piscis para crear contenido que resuene a **nivel emocional**, utilizar el poder de la **imaginación** y la **fantasía** en tus publicaciones, y cómo puedes monetizar tu cuenta mientras conectas profundamente con tu audiencia. Además, te mostraremos cómo atraer más seguidores a través de un enfoque sensible y auténtico que invite a la reflexión y el crecimiento personal.

La Energía de Mercurio en Piscis: Sensibilidad, Creatividad y Magia

Piscis es el signo más **intuitivo** y **soñador** del zodiaco. Con Mercurio en este signo, tu enfoque en Instagram se vuelve más **emocional**, **sutil** y **misterioso**. La energía de Piscis te invita a salir de las estructuras rígidas y abrazar la fluidez y el arte.

Durante este tránsito, tu público busca contenido que les **inspire**, que les lleve a otro nivel emocional o espiritual. Este es el momento de compartir tus ideas más creativas y soñadoras, y de sumergirte en temas como la **espiritualidad**, el **autoconocimiento** y la **empatía**. Además, este es un excelente período para explorar los límites de tu imaginación en el tipo de contenido que publicas, experimentando con imágenes etéreas, conceptos abstractos y relatos inspiradores.

La energía de Mercurio en Piscis también fomenta la empatía y la conexión emocional. Los seguidores querrán ver tu lado más humano, sentir que entiendes sus emociones y que estás ahí para ofrecerles consuelo o inspiración.

¿Qué tipo de contenido funciona mejor con Mercurio en Piscis?

1. **Contenido espiritual y emocional**: Este es el momento ideal para publicar contenido que hable del crecimiento

emocional y la espiritualidad. Piscis está profundamente conectado con el alma, por lo que tus publicaciones deben enfocarse en tocar el corazón de tu audiencia.

Ejemplo: Si tienes una cuenta de bienestar o desarrollo personal, comparte meditaciones guiadas, reflexiones sobre la importancia de la paz interior o consejos sobre cómo conectarse con su lado más espiritual. Si tu cuenta está enfocada en el arte o la música, comparte creaciones que expresen emociones profundas o hablen del poder transformador del arte.

2. **Historias inspiradoras**: Piscis es el signo de los sueños y la fantasía, por lo que es un excelente momento para contar historias inspiradoras o compartir experiencias que conecten con las emociones de tus seguidores. Usa el poder de la narrativa para llevar a tu audiencia a un viaje emocional.

Ejemplo: Si manejas una cuenta de desarrollo personal, cuenta una historia de superación personal que inspire a tu audiencia a no rendirse. Si tienes una cuenta de negocios, comparte relatos sobre cómo la creatividad y la intuición te ayudaron a superar obstáculos.

3. **Contenido visualmente etéreo y artístico**: Piscis es un signo profundamente conectado con el arte y la imaginación, por lo que este es un excelente momento para experimentar con imágenes etéreas, **colores suaves** y un enfoque más artístico en tu contenido. Las fotos, videos o gráficos que parezcan salir de un sueño tendrán un gran impacto.

Ejemplo: Si manejas una cuenta de fotografía o diseño, experimenta con imágenes oníricas o abstractas que evoquen emociones. Si tienes una cuenta de estilo de vida, comparte imágenes relajantes que transporten a tus seguidores a un espacio de calma y serenidad.

4. **Reflexiones profundas y filosóficas**: Piscis invita a la introspección y la reflexión, por lo que este es un momento ideal para publicar contenido más profundo y filosófico. Invita a tu audiencia a pensar sobre los temas trascendentales de la vida, el propósito, la conexión con el universo, o las emociones.

Ejemplo: Si tienes una cuenta de astrología o coaching espiritual, reflexiona sobre la importancia de seguir la intuición y cómo las energías cósmicas pueden ayudarnos en el crecimiento personal. Si manejas una cuenta de literatura, comparte tus pensamientos sobre el poder de las historias para sanar el alma.

5. **Mensajes de empatía y apoyo**: En este tránsito, tus seguidores buscarán consuelo y comprensión. Publica contenido que ofrezca **apoyo emocional** y que demuestre tu empatía por lo que pueden estar viviendo.

Ejemplo: Si manejas una cuenta de bienestar mental o emocional, ofrece palabras de aliento o frases inspiradoras que ayuden a tus seguidores a sentirse comprendidos. Si tienes una cuenta de salud, publica sobre la importancia del autocuidado emocional y mental.

Técnicas para Publicar Bajo la Influencia de Mercurio en Piscis

1. **Déjate llevar por la intuición**: Mercurio en Piscis no sigue reglas estrictas. En lugar de crear un plan rígido, permítete **improvisar** y seguir tu intuición al publicar contenido. Si algo te inspira en el momento, compártelo.

Ejemplo: Si tienes una cuenta de arte, comparte una creación espontánea que acabas de terminar. Si manejas una cuenta de desarrollo personal, publica una reflexión que te haya inspirado mientras meditabas o mientras estabas en la naturaleza.

2. **Explora el uso del video y la música**: Piscis es un signo profundamente conectado con el sonido y las imágenes en movimiento. Experimenta con videos **creativos** y usa música **evocadora** para acompañar tus publicaciones.

Ejemplo: Si manejas una cuenta de espiritualidad, crea videos de meditaciones guiadas con música relajante de fondo. Si tienes una cuenta de arte, comparte videos cortos donde muestres tu proceso creativo acompañado de música suave.

3. **Usa la imaginación para contar historias**: Este es el tránsito ideal para ser más **creativo** con tu contenido. Experimenta con relatos visuales o con narrativas fantásticas que lleven a tus seguidores a otro mundo.

Ejemplo: Si tienes una cuenta de fotografía, crea una serie de imágenes que cuenten una historia imaginativa. Si manejas una cuenta de desarrollo personal, comparte un relato metafórico que ayude a tus seguidores a comprender el poder de la intuición.

4. **Conecta a nivel emocional**: Durante este tránsito, tus seguidores apreciarán un enfoque más emocional y vulnerable. No tengas miedo de mostrar tu lado más humano y de compartir tus emociones.

Ejemplo: Si tienes una cuenta de bienestar o autoayuda, comparte cómo has lidiado con momentos difíciles o cómo la intuición te ha guiado a tomar decisiones importantes. Si manejas una cuenta creativa, habla sobre cómo las emociones influyen en tu proceso artístico.

5. **Publica en momentos de inspiración**: Mercurio en Piscis favorece las publicaciones que nacen del momento. Aprovecha los momentos en los que te sientas inspirado para publicar sin seguir un calendario estricto.

Ejemplo: Si tienes una cuenta de estilo de vida, publica cuando estés en un lugar que te inspire o durante un momento de introspección. Si manejas una cuenta creativa, comparte tus reflexiones o creaciones justo cuando te sientas inspirado.

Monetizar con Mercurio en Piscis: Deja Fluir la Creatividad

Monetizar tu cuenta de Instagram con Mercurio en Piscis requiere un enfoque más **fluido** y **creativo**. Este tránsito te invita a ofrecer productos o servicios que **resuenen emocionalmente** con tu audiencia, además de explorar formas más **artísticas** de generar ingresos.

1. **Ofrece experiencias espirituales o emocionales**: Mercurio en Piscis es un momento ideal para vender productos o servicios que transformen emocionalmente a tu audiencia. Ofrece sesiones de coaching emocional, meditaciones guiadas, o productos que ayuden a la conexión espiritual.

Ejemplo: Si manejas una cuenta de espiritualidad, vende un curso online sobre cómo usar la intuición para la toma de decisiones. Si tienes una cuenta de desarrollo personal, ofrece retiros de bienestar emocional.

2. **Vende productos artísticos o creativos**: Si eres un creador, este es el momento perfecto para vender productos artísticos que conecten emocionalmente con tu audiencia. La energía pisciana favorece la venta de obras de arte, música, o cualquier creación inspirada por la imaginación.

Ejemplo: Si eres un músico o artista, vende tus obras o álbums a través de tu cuenta de Instagram. Si manejas una cuenta de fotografía, ofrece tus imágenes para la venta o realiza comisiones personalizadas.

3. **Ofrece servicios intuitivos o personalizados**: Durante este tránsito, tus seguidores valorarán las experiencias personalizadas. Ofrece servicios o productos hechos a medida, basados en la intuición y la conexión emocional.

Ejemplo: Si tienes una cuenta de astrología o tarot, ofrece lecturas personalizadas. Si manejas una cuenta de arte, ofrece piezas personalizadas basadas en la energía o el signo zodiacal de tu cliente.

En resumen, **Mercurio en Piscis** es una invitación a sumergirte en el mundo de la **imaginación, la intuición y las emociones profundas**. Este tránsito te permite conectarte con tu audiencia de una manera más espiritual y humana, lo que puede abrir la puerta a nuevas formas de contenido y monetización. Aprovecha esta energía para explorar nuevas formas de expresión, y prepárate para atraer seguidores que valoren tu autenticidad y creatividad.

Epílogo

El Viaje Continúa

Tu Éxito en Instagram

Llegaste al final de este libro, pero lo que realmente estás a punto de comenzar es un nuevo capítulo en tu vida digital. Durante este recorrido astrológico, hemos explorado cómo Mercurio, el mensajero de los dioses, puede guiarte en cada tránsito para lograr el éxito en Instagram. Desde la energía dinámica y explosiva de Aries hasta la profundidad emocional de Piscis, has aprendido a usar cada fase de Mercurio para impulsar tu creatividad, expandir tu audiencia y monetizar tus talentos.

Pero lo más importante es que no se trata solo de Instagram o de crecer en redes sociales. Se trata de aprender a comunicar tu esencia auténtica, a ser fiel a lo que eres y, a la vez, abrirte a las nuevas posibilidades que te ofrece el universo digital. Mercurio nos ha mostrado que el poder de la comunicación va más allá de las palabras: está en la intención, en la energía que pones en cada publicación, y en la conexión humana que eres capaz de generar a través de la pantalla.

Este libro ha sido una guía práctica para entender las conexiones astrológicas que Mercurio te ofrece, pero ahora es el momento de poner en práctica todo lo que has aprendido y llevarlo a la acción. Recuerda: el poder está en tus manos. Si

Mercurio te ha enseñado algo, es que la mente es tu mayor herramienta y tu capacidad de conectar ideas, crear contenido impactante y transformar tu mensaje es infinita. El éxito no es una meta, es un **viaje continuo**.

Lo que viene a partir de ahora: Inspira, Comunica y Transforma

Este es solo el comienzo. Ahora que tienes el conocimiento, es momento de aplicarlo de forma estratégica y, sobre todo, con propósito. Aquí tienes algunas claves para seguir avanzando, inspirando a tu audiencia y creando un impacto real en Instagram:

1. Inspira con autenticidad

El éxito en las redes sociales no se trata solo de números, sino de cómo haces sentir a las personas que te siguen. Inspira siendo auténtico. Muestra tu verdadero yo, tus pasiones, tus luchas y tus victorias. Tu audiencia conectará más cuando sienta que hay una persona real detrás de la cuenta.

- **Sé vulnerable**: Habla de tus procesos, de lo que has aprendido, de tus errores y tus logros.

- **Cuenta historias**: Las historias son la forma más antigua de conectar con los demás. No te limites a mostrar productos o servicios, cuenta la historia detrás de ellos. ¿Qué te inspira a crear? ¿Qué te motiva a compartir?

2. Comunica con claridad y propósito

Mercurio nos enseña que la comunicación efectiva es clave para cualquier éxito. No importa cuán bueno sea tu producto o servicio, si no comunicas su valor de manera clara, no lograrás impactar.

- **Habla desde el corazón, pero con estrategia**: Conoce a tu audiencia, sus intereses y necesidades, y construye un mensaje que hable directamente a ellos.

- **Simplifica tu mensaje**: En la era de la sobrecarga de información, lo breve y directo tiene más poder. Un mensaje claro y enfocado llega más lejos.

3. Transforma tu enfoque constantemente

Mercurio es un planeta de cambio, de movimiento. No tengas miedo de transformar tu enfoque cuando sea necesario. Las redes sociales están en constante evolución, y tú también deberías estarlo. Sigue experimentando, ajustando y mejorando.

- **Aprende y adapta**: Si algo no está funcionando, no tengas miedo de pivotar. El fracaso es parte del proceso. Aprende de tus errores, ajusta tu estrategia y sigue adelante.

- **Mantente al día con las tendencias**: El mundo digital avanza rápido. Mantente curioso, sigue las tendencias tecnológicas y astrológicas, y adáptalas a tu estilo.

El Futuro Está en Tus Manos

A partir de ahora, Mercurio te invita a llevar lo aprendido a un nivel más profundo. Ya no se trata solo de seguir una fórmula; se trata de **crear tu propio camino**. Este libro te ha dado las herramientas astrológicas para entender cómo aprovechar las energías de Mercurio en cada tránsito, pero el poder real viene cuando tú decides cómo personalizar esa información para que se alinee con tu visión.

Si sientes que el próximo tránsito de Mercurio está lleno de potencial, es porque lo está. No te limites. No pongas techo a lo que puedes lograr en Instagram o en cualquier otro ámbito de tu vida. Si algo has aprendido a lo largo de estas páginas, es que **el éxito es fluido**, siempre está en movimiento, y depende de tu capacidad para adaptarte y evolucionar.

Algunos pasos finales que te ayudarán a motivarte para lo que viene:

1. **Define tu visión a largo plazo**: ¿Qué es lo que realmente deseas lograr? Más allá de los seguidores o los likes, ¿qué legado quieres dejar? Tener claridad sobre tu propósito te mantendrá motivado en los momentos difíciles.

2. **Cree en el poder del impacto personal**: Cada persona que conecta contigo y con tu contenido es una oportunidad para cambiar su vida. Nunca subestimes el poder de una sola publicación o interacción.

3. **Establece metas alcanzables**: Mientras apuntas a las estrellas, asegúrate de descomponer tus sueños en pasos concretos. Establece pequeños hitos y celebra cada uno de ellos.

4. **Rodéate de una comunidad que te apoye**: Instagram, al igual que la vida, no se trata de hacerlo todo solo. Encuentra una comunidad de personas afines que compartan tus valores y tu visión, y apóyense mutuamente.

Mercurio y Tu Futuro: Una Reflexión Final

Mercurio nos ha enseñado que el verdadero poder no solo está en comunicar ideas, sino en transformarlas en acciones concretas. Lo que has aprendido en este libro es solo una parte del gran potencial que tienes dentro de ti. Este conocimiento astrológico es tu brújula, pero eres tú quien decide hacia dónde dirigirte.

El viaje con Mercurio nunca termina. A medida que avanzas, seguirás adaptando tus estrategias, descubriendo nuevas formas de comunicarte y encontrando maneras de inspirar a tu audiencia. El éxito está a tu alcance, siempre y cuando te atrevas a **pensar diferente**, a **seguir aprendiendo** y a **confiar en tu intuición**.

Ahora es tu turno. Usa el poder de Mercurio para revolucionar tu presencia en Instagram, para conectar de una forma más auténtica y para llevar tu mensaje al mundo de manera expansiva. El futuro es brillante, y todo empieza con un solo paso: **el que decides dar ahora mismo**.

Moonyx Nova

CÓMO TENER ÉXITO EN INSTAGRAM
- GUÍA ASTROLÓGICA Y MARKETING -

www.ingramcontent.com/pod-product-compliance
Lightning Source LLC
Chambersburg PA
CBHW071100240526
45471CB00016B/2174